営業譲渡・譲受の理論と実際

（新 版）

営業譲渡・譲受の理論と実際

（新 版）

山 下 眞 弘

法学の泉

信 山 社

新版はしがき

本書の初版を刊行した後、営業譲渡を取り巻く法制度が徐々に整備されてきました。そのような中で、平成一二年商法改正（平成一二年法律九〇号）により、企業再編に大きく貢献する「会社分割法制の創設」が実現しました。これによって、従来の営業譲渡では十分に達成できなかったタイプの企業再編に、新たな道が切り開かれることとなりました。この新制度の創設は、平成九年商法改正による合併法制の整備、および同一一年商法改正にもとづく株式交換・株式移転法制の創設に引き続き、企業再編法制の仕上げとしての意義を有します。

今回、会社分割法制度が整備されたことにより、営業譲渡の法制度に対する理解について、その重要度が一層高まってきたということもできます。それは次のような事情によります。会社分割法制度ができても、従来の営業譲渡の制度も諸規定もほぼそのまま残るため、二つの制度の使い分けが可能となります。そこで、両者の住み分けが重要な意味をもち、改めて営業譲渡の活用される場面が注目を集めることになります。例えば、株主総会決議の要否についても、営業譲渡によれば、会社分割よりも手続が緩やかなため、営業譲渡は、今後とも大いに利用されることが見込まれる制度なのです。

このような状況を本書にも反映させるため、新たに終章を設け、会社分割法制の内容と法的問題点を整理して、広く読者の皆さんに理解を深めていただくこととしました。さらにこの機会に、初版の誤植訂正はもとよりのこと、各章の内容を再検討して、これまでの法改正にもとづく修正を加えるなど、最新の情報を取り入れています。初版同様に、幅広く読んでいただけることを期待しています。なお、改訂に際し、立命館大学大学院法学研究科博士後期課程の中村康江君の協力を得ることができ、また編集および出版につき今回も信山社の袖山貴氏に大変お世話になったことを記し、厚くお礼を申し上げます。

二〇〇一年二月

山下眞弘

初版はしがき

日本経済もようやく底を打ったかにみえますが、あいかわらず企業倒産が深刻化しています。このような厳しい経済状況の中、本書は、とりわけ企業再編の手段として需要の多い営業譲渡に関する法的諸問題を総合的に扱うものです。「理論と実際」というタイトルが示すように、この書物は理論的側面と実際上の解決の両面から論じる理論実務書です。理論的側面に重点をおいた学術書としては、すでに一九九七年に、本書と同じ信山社から、私の長年の研究のまとめでもある『会社営業譲渡の法理』を刊行しており、広く専門家読者層に読んでいただけたものと嬉しく思っています。

本書では、右の学術書の内容をすべて新しく入れ替えてあります。近年発表した解説あるいは論文、判例研究などをベースに新たに書き下ろし、実際に生じた問題を広く取り入れ、実務にも役立つものを目指しています。単なる実務解説にとどまらず、一定の理論的なレベルを維持しながら、わかりやすく詳細に説明する工夫をしてあります。学生の皆さんはもとより、企業の第一線で活躍中の方々、あるいは税務・会計・法律専門家など幅広く読んでいただけることを期待しています。

本書の構成ですが、まず最初に、序章で実際に役立つ情報として、営業譲渡の全貌を展望し、その上にたって各論として、一二の個別テーマを体系的に関連づけながら扱っています。たとえば、①株主総会の特別決議を要する営業譲渡とはどのようなものか、②その重要な一部は単なる営業財産といかに区別されるか、またその重要性はどのように判断されるべきか、③株主総会の承認決議を経ないで営業譲渡をしてしまったら、その法的効果はどうなるか、④商号と共に営業を譲り受けたらどのような責任を負うことになるか、またその理論的根拠は何に求めるべきか、⑤商号を別なものにすれば譲受人は常に責任がないのか、⑥営業譲渡をする場合に従業員はどうなるかなど、商法を超えて労働法や新しい倒産法の考え方にも言及しています。講学上は、本書は会社法の部分を中心としますが、営業譲渡に関する基本的な重要問題は、ほとんどカバーしています。

編集出版については、出版事情が厳しい中にあるにも拘らず、快く引き受けて下さった信山社と、刊行まで多大なご尽力をいただいた袖山貴氏はじめ編集部の皆さんに厚くお礼を申し上げます。なお、本書は、一九九九年度「立命館大学学術研究助成制度」によって刊行が実現したことを記しておきます。

一九九九年九月

山下眞弘

目　次

目　次

目　次

目次

目　次

目　次

目　次

目次

目　次

目次

目　次

〔参考資料〕

序章　営業譲渡・譲受

一　営業譲渡とはどのようなものか

1　商法二四五条の営業譲渡とは

株主総会の特別決議を要する営業譲渡の意義をめぐっては、三つの立場が対立してきた。

(1)　最高裁判例の立場

最高裁昭和四〇年九月二二日判決（民集一九巻六号一六〇〇頁）がこのリーディングケースであるが、その多数意見の要旨はつぎのとおりである。すなわち、商法二四五条一項一号にいう営業譲渡は、一定の営業目的のために組織化され有機的一体として機能する財産を譲渡し、これによって譲渡会社がこれまで営んでいた営業活動を譲受人に承継させ、譲渡会社がその譲渡の限度で競業避止義務を負うものをいう。つまり、最高裁の立場は、有機的一体性のある財産であることに加え、譲受人による営業活動の承継と、譲渡人の競業避止義務の負担が要件とされている。

最高裁の立場は、商法総則の営業譲渡と同じに解するものである。この立場にしたがうと（実務上はこれによるほかないが）、譲受人が譲渡人の営業と別種の営業を営んだり、譲渡人が競業避止義務を負わないようなケースでは、株主総会の特別決議を要するという意味での営業譲渡ではない、ということになる。最高裁の示す要件は、商法総則からすれば当然のことである。そこでは、譲渡人が譲渡後も営業を継続すると譲受人が不利益を被るから、その防止策として競業避止義務の定め（商二五条）があり、その他に債権者・債務者の保護の定め（商二六条・二七条）があるわけである。しかし、商法二四五条一項一号は、譲渡会社の株主保護が目的であるので、商法総則における目的との間に違いがある。これをどう考えるかにより、見解が対立する。

(2)　学説の多数説

最高裁の立場に対し、近時の学説は、有機的一体性のある財産が譲渡されれば、それはここにいう営業譲渡であり、株主総会の特別決議を要する、と解している。従来の学説は、最高裁判例に従ってきたが、近時においては、このように変化がみられる。

この立場は、現段階では通説とまではいえないが、要するに、商法二四五条は株主保護が目的であるから、特別決議の要否は、その目的に照らして判断すべきである、という考え方に立つものである。これによると、営業譲渡の承継や競業避止義務の負担は不問となり、株主保護に傾く。

(3)　最高裁判例の少数意見

株主保護をさらに徹底する立場として、上述の最高裁判例の少数意見がある。すなわち、有機的一体性の意味を拡張して、結果的に、重要工場の重要な機械のようなものまで総会決議の対象とした。これによると、重要財産が営業と同一意義となってしまい、現時における機関権限の分配からみても行き過ぎの感があり、支持はあまりないといえる。

以上、従来の状況をみてきたが、近年、有機的一体性の基準を基本としつつ、複数の基準を立てて判断しようとする試みもなされている。取引の状況によっては、特別決議を不要とするもので、例えば、債務超過、清算中あるいは譲渡担保などのケースについて、決議を要求するのは無意味ではないか、といったような問題提起がなされている。

2　営業の重要な一部とは

株主総会の特別決議を要する「営業の重要なる一部の譲渡」の判定は、実務上やっかいな問題といえる。とりわけ、単なる一部をこえて「重要」な一部と判断される基準は、どこに線を引けばよいのだろうか。判例でも、この点は明解ではない。重要な一部と認定された事例は、全部譲渡に近いものが大半で、限界事例は見あたらない。

そこで、目安として、どの程度のものを念頭におけばよいのだろうか。割合基準としては、一割と三割の対立がみられる。しかし、数値で示すことには、相当に慎重でなければならない。割合さえ大きければ重要であるともいえない。企業によっては不可欠な部門を譲渡すれば、割合としては小さい場合でも、重要と評価すべきケースもありうるわけである。例えば、メーカーの販売部門の譲渡の場合、財産としてはわずかであっても、製造・販売会社の販売部門の重要性も無視できない。

これを抽象的に述べると、「営業の重要な一部」とは、その譲渡によって会社がその営業を維持できなくなるか、または少なくともその営業規模を大幅に縮小せざるをえなくなり、その意味で会社の運命に重大な影響を及ぼす場合をいうものと、一応の基準設定ができるのではないだろうか。

二　営業譲渡はどのような場合に利用されるか

一定の営業目的に向けて組織化され、有機的一体として機能する財産である営業の譲渡は、企業の再編成の手段として広く利用されており、近年その活用は増加の一途をたどっている。とりわけ近時は、企業買収（M&A）の手段として、合併及び支配株式の取得と並んで営業の譲受けが利用されている点が注目される。営業譲渡は、譲渡人と譲受人の経済的な利用目的に着目して分類すると、つぎのような場合に利用される。

1　譲渡対価の取得目的

これは、営業の譲渡人と譲受人との間に何ら特別な関係の存在しない場合に、営業を他の企業に売却するために利用される営業譲渡ケースであり、売主たる譲渡人にとっては、営業譲渡の対価を取得することがその目的である。譲渡人は取得した対価をもって、別種の事業を新たに始めることもあるだろうし、対価を構成員に分配して企業を消滅させることもあるわけで、いずれにせよ、法律的にも経済的にも事業内容の変更が生じる。

一方、営業の譲受人は、その譲受けによって通常は、自己の企業規模を拡張したり、事業分野の拡充発展をねらう。その意味で、譲受人にとっても、営業譲渡は事業内容に重大な変更を生じさせる。

2　別会社での営業目的

これは、複数の営業を営む企業が、特定の事業部門を別個の企業によって経営することを目的として、営業譲渡を利用するものである。このようなケースでは、譲渡人が新会社を設立して、その新会社に対し、分離したい営業を譲渡するのが普通である。したがって、法律上は、譲渡された営業は別の会社によって経営されるのだが、その会社は譲渡人の子会社であって、経済的にみると、営業譲渡の当事者は、実質上同一のものといえる。

親子会社間での営業譲渡ケースでは、このように法律上と経済上の不一致の問題が生じる。そこで、親会社が一〇〇％出資の子会社に営業の重要な一部を譲渡する場合には、両者は実質的に一体であることを理由に、商法二四五条一項一号の株主総会の特別決議は不要か否かといった議論が生じている。

3　第二会社による再生目的

経営危機に陥った企業が、その再生を目的として、営業譲渡を利用する場合がある。このケースでは、経営危機あるいは倒産状態の企業が新会社（第二会社）を設立し、債務を除外して営業をその新会社に譲渡する。この場合、営業譲渡の当事者は実質的に同じといえる。

多額の債務を背負った状態では経営が困難であるが、その負担を除外すれば、その営業活動によって利益をあげうる企業であるならば、このような方法で再建が可能となる。この場合でも営業譲渡であることにはかわりないのだから、商法二四五条一項一号の要求する株主総会の特別決議は必要と解される。ただし、この点については、このような債務超過ケースにあっては、純資産がマイナスのため、株主保護のための総会決議は必要でないとする有力な主張もある。株式買取請求権（商二四五条ノ二以下）を株主に行使させる実益がないことを理由とする。

4　合弁事業による経営目的

これは、一個の企業を通して、他の経済的に独立した企業と合弁事業を行うことを目的として、営業譲渡を利用するものである。すなわち、この合弁事業を行おうとする企業が互いに共同して新会社を設立し、その新会社に各企業の営業をそれぞれ譲渡する。この場合は、譲受人である新会社は、譲渡人とは法律上だけでなく経済的にも独立の企業である。しかし、この新会社は、譲渡人が合弁事業を行うために他の企業と共同して設立したもので、その意味では、譲渡人が経済的利益を期待できる。

5　合併と同一の目的

ことに吸収合併と営業譲渡は類似し、いずれも企業結合関係の形成手段として、大いに利用されている。例えば、会社が営業の全部を譲渡した後に解散して、その株主に残余財産を分配し、譲受会社が譲渡会社のかつての株主に新株を発行する場合は、結果としては合併と同じである。そこで、両者のいずれによっても、ともに株主総会の特別決議を要し、反対株主には株式買取請求権が認められる（商二四五条以下・四〇八条・四〇八条ノ三）。

しかし、営業譲渡と合併にはちがいもある。前者は取引上の契約であるが、合併は組織法・団体法上の契約である。そこで、営業譲渡の場合は、その一部譲渡が可能であるが、合併の場合は包括承継が前提とされる。これに関して、営業譲渡は取引法・行為法上の契約であるから、前述の全株所有親子会社間での営業譲渡ケースにつき、株主総会の特別決議を不要とする立場にたつと、合併の場合と異なることになる。合併は組織法上の契約であるから、全株所有親子会社間であっても、特別決議を要する。そこで、この合併の厳格な規制を回避するために、営業譲渡を利用することも考えられる。

三　営業譲渡の当事者と権利・義務はどのようなものか

1　営業譲渡の当事者

営業譲渡の当事者とは、譲渡人と譲受人のことであるが、これらに何か特別な資格など制限があるのかどうか。これについては、譲渡人と譲受人とで多少異なる。

(1)　譲渡人の資格要件

譲渡人は、営業の主体であるため、当然のことながら商人であることを要する。商人でありさえすれば、個人商人であろうと、会社であるとを問わない。会社であれば、その種類に応じて手続に若干のちがいはあるものの、いずれも厳格な手続が要求されるという点で、個人商人と区別される。営業を継続中であることは必ずしも要求されない。休止中でも、営業と認められるものの譲渡であれば足りる。会社が清算中の場合でも、営業譲渡は可能であるが、この場合に、内部手続を要するか否かに議論があり、必要とするのが一般的である。

(2)　譲受人の資格

営業の譲受人は、商人・非商人のいずれであるかは問わない。ただ、譲受人は非商人であっても、営業の譲受行為をすることで、商人となる。このような行為は、開業準備行為にあたるからである。開業準備行為は、「営業のためにする行為」として、附属的商行為と認められる（商五〇三条I）。

2　営業譲渡当事者間の効果

営業譲渡契約が成立すると、その当事者間には、つぎのような効力が発生する。すなわち、譲渡人の譲受人に対する義務として、営業財産の移転及び競業避止義務が生じる。

(1)　営業財産の移転義務

営業譲渡契約は債権契約であるから、合併のようないわば物権的効果は生じない。したがって、譲渡人は譲受人に対し、その営業に属する各種の財産を個別的に移転しなければならない。そして、移転されるべき財産の範囲は、契約に別段の定めがなければ、営業に属する一切の財産を移転するものと推定される（大判明三三・一一・七民録六輯一〇号四二頁）。消極財産である債務の承継もこれに準じて、特段の事情のないかぎり、譲受人に移転する。

① 物の移転

不動産については登記、動産については引渡しが、移転の第三者に対する対抗要件として必要である。建物については、各建物ごとに移転登記を要する。また、動産ないし動産とみなされる財産（現金・無記名証券・製品・原材料など）が譲渡の対象の場合、譲渡人がそれを現に占有していようが、第三者が占有していようが、いずれも引渡しが必要である。なお、引渡しの方法は、現実の引渡し（民一八二条Ⅰ）に限定はしない。

② 権利の移転

これは、その権利の内容によって異なる。有価証券化されているもの（手形など）は裏書交付を要し、売掛金のような債権については、債権譲渡に関する手続が必要となる。すなわち、債務者に確定日付を付した書面で通知し、同じく確定日付の付された書面をもって承諾を得なければならない（民四六七条）。買掛金については、債権者の承諾を得て、譲受人が債務引受をする必要がある。また、継続的取引契約については、約款などに定めるところによって、契約更改（民五一四条）がなされなければならない。さらに、無体財産権（特許・商標など）については、各別の特別法による。

③　事実関係の移転

財産的価値を有する事実関係としては、得意先・仕入先関係、営業上の秘訣、のれん、その他がある。これは、営業を構成する財産の中心をなすものであるから、この移転は重要である。しかし、これについては、法律上の規定がない。そこで、事実上譲受人がこれを利用できるように、譲渡人は、譲受人に営業あるいは技術上の秘訣を伝授し、得意先、仕入先に紹介するなどの協力をしなければならない。

④　従業員の移転

合併と異なり、営業譲渡の場合は議論が多く、商法と労働法の交錯するところである。労働契約関係は原則として、譲受人に承継されると解する学説は、従業員の同意も不要とし、従業員が譲受人との雇用関係の継続を望まないときは、契約の解除ができると解している（民六二八条・六五一条）。これに対して、従業員の同意を要するとの見解もある。労働法の立場からは、当然承継が労働者の保護になるものと解されている。いずれにせよ、従業員の意思を無視した引継ぎは、営業譲渡の成否を左右しかねない。

(2)　競業避止義務

営業譲渡は、譲渡人の営業を譲受人に継続させ、従来の事実関係を利用させるのが、その制度目的であるから、譲渡人は、譲受人による利用を妨害してはならない義務を負う。これが、競業避止義務の趣旨である（商二五条）。

① 特約のない場合

当事者間に別段の定めがない場合、譲渡人は同市町村及び隣接市町村内において、二〇年間同一の営業をすることはできない（商二五条Ⅰ）。ここでの市町村とは、七大都市においてはその各区をさす（商改施五条）。

② 特約のある場合

譲渡人が同一の営業をしない旨の特約をした場合には、その特約の効力について制限がある。すなわち、それは同府県および隣接府県（北海道は一府県とみなされる—商改施七条）内において、三〇年を超えない範囲でのみ効力を有する（商二五条Ⅱ）。これは、当事者の特約が、譲渡人の営業の自由を過度に制約するのを防止するためである。

③ 不正競争の防止

譲渡人は、これらの場合以外でも、不正競争の目的をもって、同一の営業をすることはできない（商二五条Ⅲ）。これは、全国的な規模で営業活動を行うような企業の営業譲渡の場合に、重要な意味をもつ。つまり、商法二五条一項・二項の義務は、狭い地域内に限定されており、その地域外では同条項の適用がないため、不当な結果となるおそれがあるからである。

四　営業譲渡契約を締結する手続はどうするか

営業譲渡については、商法だけでなく独占禁止法及び各種業法による規制があるが、商法は、営業譲渡に関係する私人の利益を調整するという観点から規制するところに特色がある。

商法における営業譲渡の規制は、何を目的とするかによって、いろいろに分類できるが、譲渡当事者である会社の社員（株主）の保護を目的として、営業譲渡の手段が定められている。

1　営業譲渡契約の締結の方式

この契約も他と同様、当事者の合意のみで成立し、契約書の作成などは必要ない。合併に契約書が要求されるのと対照的である（商四〇八条I・四一一条I、有六二条）。しかし、通常は契約書を作成し、①対象となる財産の範囲、②譲渡の時期、③譲渡対価及び支払方法、④従業員の取扱い、⑤商号の引継ぎその他の事項、これらを記載するのが実状といえる。なお、この様式に特に限定はない。

営業譲渡に関する覚書

株式会社○○（以下，Ａという）と株式会社○○（以下，Ｂという）は，Ａの営業の一部である○○部門の製造に属する事業（以下，本件営業という）をＢに譲渡する契約（以下，本件営業譲渡契約という）を締結することに合意し，本件営業譲渡契約の締結実現を図るため，次のとおり合意した。

1　ＡはＢに対し，平成○年○月○日を譲渡の時期とし，本件営業に関するすべての積極財産および消極財産を有償で譲渡する。

2　本件営業譲渡の対価，支払方法，支払期日は，ＡＢ別途協議の上決定する。

3　譲渡する営業に従事するＡの従業員は，すべてＢにおいて引き継ぐものとする。

4　ＡおよびＢは，本件営業譲渡をすみやかに実現するため，誠実に協力して本件営業譲渡のための準備手続を進めるものとする。

5　①　本件営業譲渡に関する一切の情報は秘密とし，ＡおよびＢは相手の承諾なしにこれを第三者に開示してはならない。

②　ＡおよびＢは，本件営業譲渡契約締結のため交渉の過程で知りえた相手方の営業に関する秘密を，相手方の承諾なしに第三者に開示し，または自らの利益のために利用してはならない。

以上のとおり合意が成立したことを証するため，本覚書２通を作成し，ＡＢそれぞれ署名捺印のうえ各１通を保有する。

平成○年○月○日

Ａ　○○県○○市○○町○番○号
株式会社○○
代表取締役　社長　○○　○○　㊞

Ｂ　○○県○○市○○町○番○号
株式会社○○
代表取締役　社長　○○　○○　㊞

第７条（担保責任）

ＡおよびＢの代表取締役○○○○は，Ｂに対し，譲渡財産に瑕疵のないこと，及び引受債務が財産一覧表に記載された金額以上ないことを連帯して保証する。

第８条（競業避止義務）

本契約により営業を譲渡した後のＡの競業避止義務の範囲については，ＡＢ協議の上決定する。

第９条（従業員の承継）

本件営業に従事しているＡの従業員は，原則としてすべてＢに承継されるものとし，詳細はＡＢ別途協議の上決定する。

第10条（営業譲渡承認総会）

ＡおよびＢは，それぞれ平成○年○月○日までに株主総会を開催し，本契約承認の決議を求める。ただし，必要に応じＡＢ協議の上これを変更することができる。

第11条（契約の効力発生）

本契約に基づく営業譲渡は，私的独占の禁止及び公正取引の確保に関する法律に定める手続の完了した後に行うものとする。

第12条（別途協議事項）

本契約に規定のない事項または本契約の解釈に疑義が生じた事項については，ＡＢ誠意をもって協議の上これを決定する。

以上のとおりの契約が締結されたことを証するため本契約書２通を作成しＡＢそれぞれ署名捺印のうえ各１通を保有する。

平成○年○月○日

Ａ　○○県○○市○○町○番地○号
株式会社○○
代表取締役　社長　○○　○○　㊞

Ｂ　○○県○○市○○町○番地○号
株式会社○○
代表取締役　社長　○○　○○　㊞

営業譲渡契約書

株式会社○○（以下，Aという）と株式会社○○（以下，Bという）は，Aの○○部門の製造に属する事業（以下，本件営業という）の譲渡について，以下のとおり契約を締結する。

第1条（目的）

① Aは B に対し，平成○年○月○日（以下，譲渡期日という）をもって本件営業を有償で譲渡し，Bはこれを譲り受ける。

② 前項により譲渡されるAの財産は，譲渡期日におけるAの資産及び負債とし，その内訳は別紙の財産一覧表のとおりとする。

第2条（譲渡価格）

本件営業譲渡の対価，支払方法および支払期日についてはAB別途協議の上決定する。ただし本件営業譲渡の対価については，譲渡期日の時価を基準に算定する。

第3条（引渡期日）

AはBに対し，譲渡期日に本件営業を引渡す。

第4条（個別財産の移転）

① 通知，登記手続等，本件営業に属する個別財産の移転に必要な手続については，AB協力して実行する。

② 前項の手続に要する費用は，全額Bの負担とする。

第5条（善管義務）

① Aは本契約締結後，譲渡期日までの間，善良なる管理者の注意をもって業務執行及び財産の管理・運営にあたる。

② Aは，本契約定結後譲渡期日までの間に，譲渡財産に重大な変更を生じる行為を行う場合は，Bに事前に連絡しAB協議の上で決定，実行する。

第6条（事情変更・解除）

本契約締結後，譲渡期日までの間に譲渡財産に重大な変更が生じた場合には，AB協議の上譲渡条件を変更し，または本契約を解除することができる。

営業譲渡契約書の記載要領

実務上とりわけ留意すべき点は、次の諸点である。

① 「譲渡対象」である営業は、有機的一体として機能する組織的財産であるが、それは得意先関係等の事実関係を含むので、細部まで特定する必要はない。営業の一部譲渡の場合は、どの部分が譲渡対象となっているかが客観的に把握できればよい。例えば、「甲会社のZ工場の自動車部品の製造に関する営業」などである。

② 営業譲渡に伴って移転する「譲渡財産」は、特約がなければ、原則として当該営業に属する一切の財産と推定される。特定するのが困難な事実関係も、契約書に記載された営業の譲渡に伴って当然すべて承継される。したがって、特定の財産を譲渡財産から除外するためにはそれを明記する必要がある。

③ 「譲渡対価」の定め方については、さまざまである。一定額が契約書の中で確定している場合をはじめ、価格の決定方法だけ定めておく場合、具体的な価額については後日の協議で決定すると定めている場合などがある。譲受人側としては、不良債権などがある場合に対処するための条項を用意しておく必要がある。

④ 「移転手銃」については、契約書で定める場合のほか、当事者の協議で決めることも多いとされる。なお、移転に費用がかかるものについては、費用負担を契約書などで明らかに

してておくとよい。
⑤「瑕疵担保」については、契約書に特約が定められなければ、瑕疵担保責任は民法五六〇条以下および商法五二六条以下が適用される。具体的な内容が予想されるのであれば、それについて特約で定めておくとよい。
⑥商法二五条の「競業避止義務」は、当事者の特約で内容を変更することもできるが、契約書にそれを明記する必要がある。なお、議論もあるが、一切の競業避止義務を排除することも可能と解されている。
⑦「従業員の引継」については、原則がどうあれ、従業員の意向が尊重されなければならない。意向が明らかでない場合は、協議に委ねられることがある。いずれにせよ、営業譲渡の決定に従業員の意向が反映されるわけではない。
⑧公正取引委員会の届出受理の日から三〇日を経過するまでは譲渡禁止期間とされている（独占禁止法一六条、一五条）ため、「契約の効力発生」について契約書に明記するのが普通である。
⑨「商号の続用」については、契約書に明記することが求められ、その場合に譲渡会社の債務を引き継がないのであれば、所定の要件（商二六条二項）を充足する必要がある。
⑩その他、「公租公課の負担」、「営業収益の帰属」などについて、必要に応じて、公平を確保する条項を定めておくのが望ましい。

2　営業譲渡契約の締結手続

営業譲渡の当事者が個人商人である場合は、とくに手続についての定めはない。この場合は、利害関係がそれほど複雑ではないからである。しかし、契約当事者が会社の場合には、利害関係が複雑に生じるため、それだけ慎重な手続が要求される。すなわち、会社の代表機関が契約を締結するだけでは足りず、会社の内部的な意思決定をなすために、つぎのような手続が必要となる。

(1)　会社が営業の譲渡人の場合

合名会社・合資会社が営業を譲渡するには、会社存立中の場合は、総社員の同意を要する。このことにつき、直接の明文の規定はないが、営業譲渡は定款変更その他会社の目的の範囲内にあらざる行為をなす場合（商七二条・一四七条）に準じたものとして、このように解されている。ただし、解散後にあっては、社員の過半数の決議（商一一七条・一四七条）を要することになる。

株式会社・有限会社については、解散の前後を問わず、株主総会または社員総会の特別決議が必要とされる（商二四五条Ⅰ①、有四〇条Ⅰ①）。ただし、株式会社においては、特別清算の場合には、株主総会の特別決議は不要である（商四四五条Ⅳ）。なお、株式会社の場合には、解散後は特別決議を一切不要とする見解も有力になっている。この見解は、この場合に決議を要求しても、株式買取請求権の行使ができないこと（商二四五条ノ二但書）をひとつの根拠としている。実務上は、商法四四五条四項の反対解釈に従って、特別清算でない場合は特別決議を要するとして処理すべきであろう。このような解決は、実質的にみても、株主保護に役立つといえる。

(2)　会社が営業の譲受人の場合

会社が営業を譲り受ける場合は、譲受によって定款変更を生ずるときは別として、それ以外の場合は、一般の業務執行の内容であるとされる。合名会社・合資会社については、特別な定めはない。

株式会社・有限会社が他の会社の営業全部を譲り受ける場合には、株主総会・社員総会の特別決議が必要となる（商二四五条Ⅰ③、有四〇条Ⅰ③）。したがって、これらの種類の会社が、他の会社の営業の全部にあらざるものを譲り受けた場合とか、個人商人から営業を譲り受けたような場合には、それがいかに大規模なものであっても、総会決議を要しないこととなる。そこで、この点につき議論もあり、立法的解決も示唆されているところである。

3　特別決議を経ない営業譲渡の効力

総会の特別決議を経ずになされた営業譲渡は、無効とされる。譲渡会社の株主保護の要請があるからである。取引の安全との関係で、この無効をどのように解するかが議論されている。従来は、商法二四五条一項一号は株主保護を目的とすることを理由に、絶対的な無効と解されていたし、現在でも多くはそのように解しているといえそうである。したがって、実務上も特別決議がないかぎり、営業譲渡は常に無効になると判断して、ほぼ誤りはないといえる。

ただし、最近の最高裁昭和六一年九月一一日判決（判時一二一五号一二五頁、判タ六二四号一二七頁）が、信義則による絶対無効の修正を判示している点に注目する必要がある。すなわち、本件は、特別決議を経ずに営業を譲渡した会社に対し、譲受人が譲渡会社において決議のないことを理由に、契約後二〇年も経過して無効を主張したケースであるが、このような無効の主張は許すべきでないことは確かである。本件は絶対的な無効を前提とする従来の判例の限界を示す事例といえる。

このような事案に妥当な解決を与えるため、絶対無効の考え方をどのように修正するべきかが議論となっている。例えば、事情を知らない善意の譲受人に対しては、無効を対抗できないとの考え方（相対的無効）などが、有力に主張されているが、その立証の問題が課題となり、これは厄介な未解決のテーマである。いずれにせよ、特別決議を欠けば常に営業譲渡は無効となる、とはいい切れない問題がありそうである。譲受人が譲渡会社の総会決議の有無を確認したのに、実は決議のないことが後に判明したような場合、譲受人の保護の必要がないとは必ずしもいえないであろう。

五　営業譲渡契約の第三者に対する関係はどうなるか

営業譲渡契約は、譲渡人と譲受人との間の債権契約であるから、その当事者間において、営業の移転をなすべき債権債務を生じるだけである。しかし、それを履行するのに関連して、従前の営業上の債権者・債務者に対する関係に影響を与える。すなわち、ここでの問題は、①譲渡人の営業上の債権者は、営業譲渡当事者のいずれに請求できるのか、また、②譲渡人の営業上の債務者は、当事者のどちらに弁済すべきか、この二点である。

営業譲渡の当事者間の利害調整と、第三者の保護との調和を求めて、これについて商法が規制している。営業上の債権・債務は、原則としてすべて譲受人に移転するが、例えば、特約で一部除外されていたり、債務の移転につき債権者の同意を欠いていたり（民五一四条）、営業上の債権譲渡に対抗要件（民四六七条）の具備がなかったような場合に、特に問題となる。

1　営業上の債権者に対する関係

譲渡人の債権者は、当事者のいずれに請求できるかにつき、営業譲受人が譲渡人の商号を続用するか否かに分けて、商法は規制している。

(1)　商号続用の場合

譲受人が譲渡人と同じ商号を続用した場合は、譲渡人との区別がつかないため、債権者は、通常は営業主の交替を知りえない。また、仮に知っていても、その場合は営業上の債務も譲受人に移転したと考えるだろうから、債権者を保護するため、譲渡人の営業上の債務について、譲受人も弁済責任を負うことになる（商二六条Ⅰ）。これは、不真正連帯債務である。そして譲受人は、この場合、譲渡された営業の積極財産を限度とするのではなく、無限の責任を負う。

このように、商号の続用があると、譲受人は厳格な責任を負わされるおそれがあるが、これを免れる方法も用意されている。すなわち、商号を続用しても、営業譲渡の履行後に遅滞なく、譲受人が譲渡人の債務につき責任を負わない旨を登記（商登三一条）したときは、債権者一般に対して、譲受人は弁済の責任を負わない。また、譲渡人と譲受人とがともに、特定の債権者にその旨を通知したときは、その通知をうけた者に対して、譲受人は同様に責任を負わない（商二六条Ⅱ）。

なお、ここでいう商号の続用とは、事実上のそれであって、登記は関係ない。具体的に、どのような場合に続用があるとされるのかは、かなり判断に微妙なところがある。例えば、「有限会社米安商店」と「合資会社新米安商店」との間には、その続用がないとの判例がある（最判昭三八・三・一民集一七巻三号二八〇頁）。

(2)　商号を続用しない場合

譲受人が譲渡人の商号を続用しない場合は、両者の区別がつくため、譲受人は原則として営業上の債務につき、責任を負わない。すなわち、本来の姿にもどるわけである。ただし、譲受人が、譲渡人の営業上の債務を引き受ける旨を広告したときは、譲渡人のかつての営業上の債権者は、その譲受人に対して、弁済の請求をすることができる（商二八条）。この場合、責任発生の根拠は禁反言の法理に基づくものとされてきたが、問題がある。なお、ここにいう広告は、必ずしも債務引受の明示は要せず、社会通念上全体的にみて、その意思が示されているものと、債権者が一般に信ずるようなものであれば足りる（最判昭二九・一〇・七民集八巻一〇号一七九五頁）。また、広告をせず、個々的に債権者に対して、債務引受をなす旨の意思表示をしたときも、譲受人はその債権者に対して、責任を負うべきといえる。そして、このような個別的通知が、大多数の債権者に対して、書状の送付等によってなされると、それは、商法二八条にいう広告と認められることになる。むろん、その通知が単なる挨拶状にすぎないときは、これにはあたらない（最判昭三六・一〇・一三民集一五巻九号二三二〇頁）。

(3)　譲渡人の責任の消滅

営業の譲受人が、譲渡人の債務につき責任を負う場合に、譲渡人の責任は、営業譲渡あるいは商法二八条の広告後二年内に、請求又は請求の予告をしない債権者に対しては、二年を経過することで消滅する（商二九条）。それ以降は、譲受人のみが責任を負う。なお、この二年間というのは、時効期間ではなく、除斥期間と解される。

商法二九条の趣旨は、営業上の債務は、特定の営業主の債務というよりも、むしろ営業自体の債務と考えられることから、営業譲渡の後は、譲受人が主たる債務者であるべきで、譲渡人をできるだけ速やかに、営業についての従来の関係から解放させようとするところにある。

2　営業上の債務者に対する関係

営業の譲受人が、譲渡人の商号を続用する場合、譲渡人の営業によって生じた債権につき、債務者が営業の譲受人に弁済したときは、当事者において債権譲渡がなされていなかったとしても、弁済者が善意でかつ重大な過失がなかった場合には、その弁済は有効とされる（商二七条）。商号の続用がある場合には、営業主の交替があったことや、債権の移転のないことを外部から知り得ないのが常態であることを考慮して、善意の債務者に二重払いの危険を負担させないため、このように取り扱うのである。

営業上の債務者に対する関係を定める商法二七条は、商号を続用しない場合については特に規定しておらず、この場合は、問題とならない。

六　営業譲渡に反対する株主の株式処理はどうするか

営業の全部又は重要な一部の譲渡をする場合、あるいは他の会社の営業全部の譲受けをするには、株主総会の特別決議が必要である（商二四五条Ⅰ①③）。ただし、平成一二年の商法改正で例外として、一定の条件の下、譲受会社において決議の不要な場合を認める簡易営業譲受の制度が新設された（商二四五条ノ五Ⅰ）。その決議さえ有効に成立すれば、反対株主が存在しても、有効に営業の譲渡・譲受ができる。これは多数決原理のあらわれであるが、少数の反対株主の保護のため、これに修正をして、一定の要件の下、株式買取請求権を認めることで、投下資本回収による経済的救済をはかっている（商二四五条ノ二）。

本件が商法二四五条にいう「営業の重要な一部」に該当するかぎり、株式買取請求権の行使を認めなければならず、定款をもってしても、この権利行使を拒むことはできない。ただし、営業譲渡の決議とあわせて、解散の決議もなされた場合は、買取請求権はありえない（商二四五条ノ二但書）。この場合、反対株主の投下資本の回収は、解散による残余財産の分配という形でなされるからである。

1　株式買取請求権の行使要件

株主が買取請求権を行使するためには、①総会に先立ち、会社に対して書面で決議に反対であることの意思表示をし、さらに、②株主総会で当該決議に反対の議決権行使をすることを要する（商二四五条ノ二）。これによって、会社に対し、株主は自己の有する株式を、決議がなければ有したであろう公正な価格で、買取ることを請求する資格が与えられる。

要件①について、書面による反対の意思表示は、総会までに会社に到達しなければならず、その立証責任は株主が原則として負担する。要件②について、反対の議決権行使を要求しているから、議決権のない株式については、買取請求権は認められない。また、総会に欠席して議決権を行使しなかった場合も、買取請求権は行使できないことになる。もっとも、反対株主がみずから出席しなくても、議決権の代理行使による場合は、買取請求権は認められる。

なお、書面投票制度の採用される大会社（商特二一条の二・二一条の三Ⅰ～Ⅳ）においては、会社から送付のあった議決権行使書面に、当該議案に反対の意思表示を行うことをもって、議決権行使に代える。この場合は、現実の出席は不要であるが、これに対し、会社が議決権の代理行使の勧誘目的で、委任状を送付してきた場合に、これに反対の意思表示をして返送したときの取扱いについては、議論が生じ、会社への反対の意思表示とは認められないであろう。

2　買取請求権行使の手続

買取請求権は、行使要件を具備した株主が、総会決議から二〇日以内に、書面によって会社に対して行わなければならない（商二四五条ノ三Ⅰ）。この書面には、買取りを請求する株式の額面・無額面の別、種類及び数を記載する必要がある。この権利を行使できるためには、総会決議の日から買取請求権を行使した日まで、その株式が継続して保有されていることが必要である。

なお、買取請求権を行使する場合、その一部についても行使が可能であるかどうかは議論のあるところである。基本的には、買取請求権は株主保護の制度であり、買取を請求する株式は、当該株主の有する株式の全部であろうと一部であろうと問題はないといえる。リスクを分散させるため、株式の一部を留保することもあるからである。したがって、権利の濫用にあたらないかぎり、いずれも認められるべきである。

3　買取価格の協議

株式の移転は、代金支払のなされたときに効力を生ずる（商二四五条ノ三V後段）ので、買取価格の決定が重要な意味をもつ。その買取価格は、決議の日の公正な価格であって、その決議がなければ有していたであろう客観的な価格である（商二四五条ノ二）。この決定は、実際上きわめて困難であり、非上場株式の場合にあっては、不可能に近いとさえいえる。

買取価格は、まずは会社と株主との協議によって決定される。協議がととのえば、それが買取の価格となり、会社は、その日から九〇日以内に、代金を支払う必要がある（商二四五条ノ三Ⅱ）。協議に際して参考とされるのは、上場会社の場合には、決議前の市場価格が安定していればそれを、非上場会社の場合には、例えば、国税庁の「相続税財産評価に関する基本通達」等を参考とすることも考えられよう。

これに対して、会社と株主の協議が、決議の日から六〇日以内にととのわないときは、株主は、その期間経過後三〇日以内に、裁判所に対して価格の決定を申請することができる（商二四五条ノ三Ⅲ）。この場合の裁判所というのは、会社の本店所在地を管轄する地方裁判所で、非訟事件手続法に従って手続が進められる（非訟一二六条Ⅰ）。

株価決定の裁判は、理由を付した決定をもって行われる（非訟一三二条ノ六Ⅲ）。この決定に対しては、申請人から即時抗告ができる。裁判所が価格を決定したときは、会社は直ちに買取代金を支払わなければならない。そして、会社が買取代金を支払えば、協議による場合と同様、当該株式は会社に移転する。

4　買取請求の失効する場合

株式の買取請求権は、つぎの場合に失効する。すなわち、①営業譲渡が中止されたとき、

②会社との間で、株式の価格につき、決議の日より六〇日以内に協議がととのわなかったにもかかわらず、株主がその期間経過後三〇日以内に、裁判所に対し価格決定の請求をしない場合に、買取請求は失効する（商二四五条ノ四）。ただし、取引の安全の見地から、すでに株主からの買取請求に応じて、会社が代金を支払い、株式が会社に移転した後は、すでになされた買取請求の効力は影響を受けない。

七　営業譲渡はどのような法規制に服するか

営業譲渡は、商法、有限会社法、独占禁止法、会社更生法、民事再生法、税法、証券取引法、保険業法などの各種業法等によって規制されている。このうち、商法は、営業譲渡に関係する私人の利益調整といった観点から規制するのを目的としている。また、独占禁止法は、競争秩序を維持する観点から、そして各種業法は、産業警察的観点から、それぞれの目的に照らして法規制をしている。このように、営業譲渡は、多面的にそれぞれ異なった観点から規制されており、商法による規制においても、それぞれ保護の主体は場合により異なる。

1　商法における営業譲渡の規制

同じく商法による規制といっても、規制の理念や規制による保護対象のちがいにより、つぎの三つに分けることができる。

(1)　譲渡当事者(会社)の社員の保護

この目的のために、営業譲渡の当事者が会社である場合、営業の譲渡・譲受に関して、その手続が定められている(商二四五条I①③・三四三条)。すなわち、一定の要件を具備した営業の譲渡・譲受には、過半数株式の株主が出席し、その株式の三分の二以上の多数決による決議を必要とする。有限会社の場合も同様である(有四〇条I II)。ただし、平成一二年商法改正により、対価の小さい営業の譲受について、例外規制がなされた(商二四五条ノ五I)。そして、この営業譲渡に際しては、株主総会の通知・公告に、営業譲渡の要領を記載しなければならない(商二四五条II)。さらに、営業譲渡に反対の株主の利益を考慮して、その者には株式買取請求権が認められている(商二四五条ノ二〜二四五条ノ四)。

(2)　譲渡当事者間の権利・義務の規制

これは、商号譲渡の許容性及び営業の譲渡人の競業避止義務に関する規制である。すなわち、前者については、商号は、営業を廃止する場合を除き、営業と共にする場合にかぎって譲渡することができること（商二四条Ⅰ）を意味する。後者は、営業を譲渡した場合、譲渡人は、一定の地域において、一定の期間、同一の営業を営むことができない（商二五条）ということである。これらは、いずれも営業譲渡の当事者間の権利義務をコントロールするものである。

(3) 譲渡人の債権者・債務者の保護

営業の譲受人が、譲渡人の商号を続用すると、譲渡人の債権者や債務者は、営業譲渡の事実を知らない場合がありえる。そこで、譲渡人の債権者が、営業主体の変更に気づかなかった場合、譲受人にも責任を負わせることで、その債権者を保護する（商二六条）。また、譲渡人の債務者が、同様に営業主体の変更を知らない場合、その債務者を保護するため、譲受人への弁済を有効なものとする（商二七条）。

2　独占禁止法による規制

独占禁止法は、一定の取引分野における競争を実質的に制限することとなる場合、及び当該行為が不公正な取引方法によるものである場合に、他の会社の営業譲受など一定の行為を禁じている（独禁一六条）。そして、これに違反すると、公正取引委員会は、必要な排除措置をとることができる（独禁一七条の二Ⅰ）。独占禁止法における営業譲渡の意義は、商法におけるものと必ずしも一致しない。これは、両者の趣旨・目的が異なることによる。なお、以上は会社が自己の意思で営業譲渡・譲受をする場合の規制であるが、独占禁止法は、一定の場合に事業者に対し営業譲渡命令を出すことができる（独禁七条・八条の四・一七条の二）。この場合に、商法二四五条の特別決議を要するか否かが議論となるが、多数説は、決議を必要とする。しかし、反対説も有力で、これは今後の課題とされている。

3　会社更生法による規制

会社更生法は、商法上の手続を大幅に改めている。すなわち、営業譲渡に関する条項を更生計画の任意的記載とし（会社更生二一一条Ⅱ・二一七条）、更生目的の達成上、営業譲渡を行う必要が生じた場合、株主総会の特別決議は要しないし（会社更生二四九条）、更生計画遂行に反対の者がいても、株式買取請求権は認められない（会社更生二五〇条Ⅱ）。更生計画遂行の一環として、営業の譲渡ができるのである（会社更生二五〇条Ⅰ）。

4　民事再生法による規制

民事再生法（平一一法二二五）が制定されたことにより、裁判所が必要と認めるときには、その許可により、営業（事業）の全部又は重要な一部の譲渡等が可能となった。すなわち、再生手続の開始決定後、債務者は裁判所の許可を得て、更正計画によらずに、営業等の譲渡ができる（民再四二条）。これは、早期の営業譲渡の促進を実現することを目指す趣旨である。これによって、自社の従業員や取引先を離散させるのを防止すると共に、資産価値の減少を最小限にして、まだ黒字の部門を切り離すことで、本体の事業の再生を図ることができる。この許可をするには、その前提として、裁判所は、再生債権者および債務者の従業員の保護のため、一定の手続をすることを要する（民再四二条Ⅱ・Ⅲ）。

再生債務者（株式会社）が債務超過の状態で、その営業譲渡が事業継続の上で必要である場合に限定して、商法二四五条一項の株主総会の特別決議に代わる代替許可を与えることができる（民再四三条Ⅰ）。この場合には、株主総会の特別決議は不要となるが、裁判所の許可の決定書を再生債務者等に送達すると共に、その要旨を記載した書面を株主に送達する必要がある。

5　保険業法による規制

平成七年法一〇五による改正保険業法では、従来の態度を改め、保険会社による営業譲渡の禁止を大幅に緩和し、内閣総理大臣の認可を受ければ可能となった（保険一四二条）。営業（事業）譲渡を全面的に禁止しなくても、主務大臣の認可を効力発生の要件とすることで弊害が除去できると判断されたからである。

さらに保険会社に関しては、保険業法によって、保険契約の包括移転という保険特有の制度がある（保険一三五条）。これは、保険会社が保有する保険契約のうち、責任準備金の算出の基礎が同一である保険契約の全部を包括して他の保険会社に移転することであり、保険契約の継続を図るための制度である。この移転は社員または株主の権利義務に重大な影響を及ぼすので、商法二四五条に定める営業譲渡手続よりも慎重にするため、常に特別決議を要し（保険一三六条）、あわせて内閣総理大臣の認可がなければその効力を生じないとされている（保険一三九条）。

6　証券取引法による規制

上場会社等に関しては、証券取引法及び証券取引所等による規制がある。証券取引法においては、企業開示の充実という観点から、有価証券報告書等の補完目的で、投資者の判断に重大な影響を及ぼす事柄の開示を求めている（証取二四条の五Ⅱ）。営業譲渡・譲受も一定のものについては、開示を要することになる。また、内部者取引の防止のため、一定の者は、営業譲渡・譲受が決定後公表されるまで、当該会社の株式の売買が禁止される（証取一六六条）。

第1章　営業譲渡と総会決議

一　営業譲渡で何が問題となるか

株主総会決議を要する営業譲渡については、理論と実務の上で重要な議論が展開されてきた。これに関する判例も少なくない。営業の全部譲渡の意義についても議論があるが、その重要な一部の判断基準はかなり微妙である。また、債務超過・休業中・解散後清算中など、譲渡会社の状況も考慮にいれて考えるべき問題もある。ところで、営業譲渡に総会決議を要するのは、それが会社の運命にとって重要であるからに他ならない。そうであれば、資金調達の目的で営業を譲渡担保に供するがごときは、総会決議の対象とはならないはずである。しかし、これにも議論はある。さらに、親子会社間での営業譲渡はどうか。とくに、一〇〇パーセント所有の場合には完全に経済的に一体であるが、株主間に利害の対立はないといい切れるか。最後に、総会決議が必要であるにもかかわらず決議を欠いた場合は無効であるとされるが、その主張には全く制限がないのか。具体的に、以上のような諸問題を検討していきたい。

(1)　商法二四五条一項一号によって株主総会決議を要する「営業の重要な一部譲渡」と、二六〇条二項一号が規定する取締役会決議で足りる重要財産の処分とは、どこで区別されるか。

(2)　営業の現物出資についても、営業譲渡と同じく総会決議を要するのか。また、営業を譲渡担保に供する場合（あるいは営業財産中の不動産に抵当権を設定する場合）はどうか。譲渡会社が債務超過・休業中・清算中の場合はどうか。

(3)　一〇〇%親子会社間での営業譲渡についても、総会決議を要するか。何か特別に考慮すべき点はないか。

(4)　商法二四五条違反の営業譲渡がなされた場合、両当事者は互いに無効の主張をなしうるか。善意の第三者に対してはどうか。仮にそれが制限されるとして、その法理はどのように考えられるか。

二　判例・学説の動向

1　総会決議を要する営業の重要な一部譲渡

現在の多数の考え方によれば、決議の対象となる営業譲渡の概念は、単なる個々的な会社財産ではなく、有機的一体として機能する組織的財産であることを要する。商法二四五条は株主保護を目的としており、営業譲渡は会社存続の基礎にかかわり会社の運命に重大な影響を及ぼす行為であるがゆえに、株主の保護が必要となる。会社の運命に重大とは、譲渡会社の営業活動に重大な変更をもたらすことを意味する。旧来の学説・判例によれば、このような結果を招く営業譲渡は、商法総則におけるそれと同じであるとし、譲受人による営業的活動の承継と譲渡人の競業避止義務の負担が要件となるとされてきた（最判昭四〇・九・二二民集一九巻六号一六〇〇頁）。有機的一体として機能する財産の譲渡のみでは不十分であるとした。しかし、営業的活動の承継や競業避止義務を伴わなくとも、有機的財産を譲渡したため、事実上営業ができなくなったり、大幅な規模の縮小を招いたりするのも、同様に重大な結果であることに変わりはない。したがって、この判例のいうような条件を付加すべきではないとも考えられ、近時、このような見解が増えてきた。

問題となるのは、その重要な一部の意味である。商法二六〇条二項一号における重要な財産は、株式のごとき単なる財産もその対象とし、重要という文言の判断基準もかなり緩やかに解されている（最判平六・一・二〇民集四八巻一号一項―解説として、山下眞弘・法学教室一六六号（一九九四年）一三〇頁）。これに対し、二四五条における営業の重要な一部は、すでに述べたような趣旨に照らして判断しなければならない。営業の一部は、単なる財産と異なって営業でなければならない。重要工場の重要な機械といえども、それが単なる財産と区別がつかない限りにおいて、営業の一部とはいいがたい。単なる財産の集合体にすぎないものは、いくら規模が大きくても財産であって営業とは認められないが、営業に接近してくる。このように、営業の一部と営業用財産との区別には、困難な問題がある。

それでは、営業が譲渡の対象となっているとしても、総会決議を要する営業の重要な一部の判断基準は、具体的に何であるか。全部に対する割合で判断するのか、実質的にみた重要性で決めるのか。これも、二四五条の立法趣旨によって判断するほかない。会社存続の基礎にかかわるものが、問題とされるべきであろう。判例をみるかぎり、限界事例として参考となる判断基準は示されていない。重要な一部と認定されたのは、いずれも大半部分の譲渡事例ばかりである。例えば、全営業の九割の譲渡事例（東京地判昭三三・六・一〇下民集九巻六号一〇三八頁）、二つの工場の内、全売上高の八割を占める一工場の譲渡事例（東京高判昭五三・五・二四判タ三六八号二四八頁）、製造販売会社の三つの工場の内の一工場の譲渡事例（後掲の最判昭六一・九・一一判時一二一五号一二五頁）などである。これらから、三割程度の基準が一応は窺われるが、単なる割合だけで判断するのでもなさそうである。売上高、収益性、将来性など質と量の両面による総合判断が求められよう。

2　営業の現物出資・譲渡担保

営業譲渡に関する商法規定は、営業の現物出資にも類推適用されるか。商法二六条の適用に関するものであるが、最判昭四七・三・二民集二六巻二号一八三頁はこれを肯定した。すなわち、営業の譲渡と営業の現物出資とは法律的性質は異なるが、その目的である営業の意味は同一に解され、いずれも法律行為による営業の移転である点においては同じであると判示した。この説明からすれば、二四五条についても同様に解することができよう（山下眞弘・法学教室一七八号（一九九五年）一九頁）。

営業の譲渡担保についてはどうか。会社全財産の競売（抵当権実行）に総会決議を要するかが争われた先例はある（東京高決昭四七・三・一五下民集二三巻一＝四号一一八頁）。結論的には、決議不要と判示された。その抵当権設定についても同様である。それでは、単なる個別的財産あるいはその集合体ではなくて、有機的に組織化された財産が譲渡担保に供される場合はどう考えるべきか。営業の意義をどのように解するにせよ、これは営業そのものか、それにかなり近い性格を有する。会社財産に対する抵当権設定であれ、組織的財産を譲渡担保に供する場合であれ、いずれも資金調達の手段であるという点では、共通している。しかし、抵当権と譲渡担保を区別する見解も少なくない。譲渡担保は、担保的側面のほかに所有権移転的側面も合わせ有し、あらゆる財産権をはじめ財産権的権利や集合物もその目的となしうる。有機的・組織的財産も対象となり、その法的効果も譲渡に近い。そこで、営業の譲渡担保に総会決議を要するかが問題となる。学説は二分される。譲渡担保は財産権の移転による担保であり、その性格は譲渡に近いため、ほかの担保権に比較すれば譲渡という結果を招きやすいということはできる。担保の対象も抵当権などと比較すれば、相当に広い。それだけに、営業譲渡と同じ結果を招く危険性が大きいわけで、この点を強調すれば、総会決議が必要となる。しかし、譲渡担保も資金調達を目的とする点では抵当権と異なるところはなく、譲渡担保も営業を継続するための手段である。この点に注目し、いずれを原則とすべきかという点でいえば、多くの場合は決議不要としてよいのではないか。

3　親子会社と営業譲渡

一〇〇パーセント親子会社間での営業譲渡については、両者は経済的にも実質的にも一体とみることができるので、総会決議は不要であるとする見解も少なくない。確かに、全株所有親子関係に限定すれば、そういうこともできるかも知れない。そのような場合には、全体として事業に基本的な変更もなく、会社の運命に重大な影響はないともいえそうである。この点を強調すれば、譲渡・譲受いずれの会社においても、総会決議は要らないということとなる（田代有嗣・親子会社の法律と実務（一九八三年）二四五頁）。しかし、この結論に問題はないのであろうか。

親会社が、一〇〇パーセント支配の子会社へ営業を譲渡する場合について検討してみよう。この場合に、先の理由で決議不要とすると、子会社に譲渡された営業の取扱いは、親会社の代表取締役の支配下に入り、そのため親会社の株主が子会社への営業譲渡がなかったならば有していたはずの権利が、その株主の意思を問うこともなく喪失させられるという不当な結果となる、との指摘（落合誠一・新版注釈会社法（5）（有斐閣、一九八六年）二七二頁）がある。これ以外にも脱法の危険がある。全株所有子会社をあらかじめ設立しておき、決議を経ないまま、これに営業譲渡をして、その後に当該子会社株式を第三者へ譲渡することによって、全く総会決議を経ずに第三者へ営業が譲渡されてしまうこととなる。このような脱法行為を防止するためにも、また合併との均衡を図る上でも決議を要求すべきではなかろうか。

それでは、逆の場合はどうであろうか。親会社が、一〇〇パーセント支配の子会社から営業全部を譲り受ける場合である。これについても決議を不要とすると問題があるとの指摘がある。要するに、子会社が別個に存在する場合と、子会社が親会社の営業の一部門となる場合とでは、親会社の株主の利害に重大な違いがあるというわけである。これは、いかに一〇〇パーセント支配の子会社といえども、それは法的には別人格であり、子会社の事業の欠損について親会社に累を及ぼさないこともできるが、子会社の営業全部を譲り受けるとそうはいかなくなり、親会社株主にとって重大であるとの指摘（藤井光二「一〇〇％子会社の営業全部の譲受と株主総会決議の要否」商事法務八六一号（一九八〇年）四六頁）である。

親子会社は経済的に一体であるから、営業譲渡に際して、譲渡対価については利害対立はない。親会社の損失は子会社の利益となり、子会社の利益は一〇〇パーセント出資者である親会社の利益となる。しかし、親子会社は法的には別個のものであり、営業譲渡が親会社株主の利害に重大な影響を与えることは否定できない。この点に注目すれば、親会社株主の意思を問うため決議を要すると結論すべきである。なお、一〇〇パーセントに満たない親子会社間の問題については、それが実質的に全額出資と同視できる場合はともかく、そうでない場合には個別具体的に判断するほかないであろう。

4　無効主張の制限

これについては、最近の重要判例として、最判昭和六一年九月一一日(判時一二一五号一二五頁、判タ六二四号一二七頁)がある。X会社は、営業の重要な一部をY会社に譲渡したが、総会決議を経ていなかった。後に譲受人Y会社は営業活動を停止するに至り、X会社による残代金支払請求に対し、Y会社は、契約後約二〇年を経て、X会社が総会決議を経ていないことを理由に商法二四五条一項一号違反の無効を主張してきたというものである。営業譲受人たるY会社は、自己への営業譲渡を有効なものと認識し、それを期待していたであろう。Y会社が営業譲渡の効力を争い出したのは経営が行き詰まってからであり、Y会社の無効主張には何ら正当性がなく、Y会社の無効主張を認めなかった本判決の結論自体には異論はない(上柳克郎・民商九六巻一号一二五頁、上村達男・判タ六四四号四九頁、落合誠一・昭和六一年度重要判例解説

九八頁、久保欣哉・判例評論三四一号四四頁、塚原朋一・ジュリ八七七号六七頁、中島史雄・ひろば四〇巻八号七六頁、東孝行・昭和六二年度主要民事判例解説二一八頁、丸山秀平・金判七六七号四二頁、山下眞弘・会社判例百選〔第六版〕一四頁、同・判タ九四八号五八頁など）。

本判決は、譲渡会社であるX会社において株主総会決議がなかったことによる営業譲渡契約の無効は、譲受人たるY会社もこれを主張することができるとして、法律行為の無効を確定的あるいは絶対的なものと見ている。本判決が、譲渡会社ないしその利害関係人のみが主張できるという意味での無効の概念を採用しないのは、そのような当事者の一方のみが主張できる無効というものを取り入れると、相手方たる譲受会社は、譲渡会社から無効の主張をされるまでその営業譲渡を有効なものとして取り扱うほかなく、譲受会社が著しく不安定な立場におかれることを問題とするからである。無効の主張を制限しようとする立場にとって、これが最大の問題点となる。これについて、本判決は、最高裁として最初の判断を示した。無効を原則的に絶対的なものとした上で、具体的事情を勘案して、本件については譲受人Y会社が無効を主張することのできない「特段の事情」があるとした。ここにいう「特段の事情」の判断基準が問題となるが、本判決は、無効の主張時期があまりにも遅すぎたこと、あるいは両会社の利害関係人が無効を主張していないことなどの事情を考慮して、Y会社による無効の主張は、法が本来予定した意図によるものではなく、もっぱら自己の債務履行を拒むためのものであるから信義則に反し許されない、と結論している。

本判決のようにこれを信義則で解決することも可能ではあるが、近時は無効の主張を制限する立場が増加の傾向にある。ひとつは、当事者の一方のみが主張することのできる無効という考え方をとって、譲受人の不安定さを解消するため、総会決議に事後承認を認め、相手方の催告権および取消権（民一一四条・一一五条）を類推する立場である（この内容につき、上柳克郎「商法における『当事者の一方のみが主張できる無効』」服部榮三先生古稀記念『商法学における論争と省察』（一九九〇年）一三三頁。ただし、これは上柳教授の見解ではない）。この立場については、民法の右条項の類推適用の可否が議論となるであろう。もう一つの考え方として、単に無効主張を制限することで解決する立場がある（落合・前掲重要判例解説一〇〇頁、中島・前掲ひろば八〇頁、山下眞弘・判タ六五二号八〇頁）。この立場については譲受人が不安定になるとの批判があるが、そのような不利益を受ける譲受人を悪意・重過失ある者に限定することで、妥当な解決ができるのではなかろうか。著しく不安定な立場になることを知って譲り受けた者には、むしろ無効の主張は認めるべきではないというべきである。この見解は、譲渡会社は悪意・重過失のある譲受人に対してのみ無効の主張が許されるとする立場（鈴木竹雄＝竹内昭夫『会社法〔第三版〕』

（一九九四年）二四九頁、神崎克郎『新版商法Ⅱ〔第三版〕』（一九九一年）四五九頁）を前提にしている。これによれば、善意かつ重過失なき譲受人は、不安定な立場に立たされることはない。

三　実務の指針

１　債務超過・休業中・清算中と営業譲渡

一部の例外を除いて、営業譲渡に関する事例の多くは、譲渡会社の経営状態が悪化しているのが一般的であろう。そうであれば、譲渡会社の状況は、債務超過・休業中・清算中のいずれかにあるといえる。このような場合に、譲渡会社の株主保護の必要性があるのかが実際問題として議論となる。

(1)　純資産がマイナスである債務超過の場合は、総会決議は不要であるとする見解がある（龍田節「営業譲渡と株主総会決議」京都大学法学論叢一〇五巻三号一二頁ほか）。このような状況にあれば、商法二四五条の二以下に定める株式買取請求権を行使させる意味がないことを理由とする。このように破綻状況にあれば、保護されるべき株主の利益はほとんどなく、むしろ債権者保護を優先すべきであるとする。しかしながら、債務超過の程度にもよるが、株主の選択の幅が皆無でない限り、たとえ株式買取請求権の行使が無意味であっても、基本的に最終判断は株主に委ねるべきではないか。そう解さなければ、営業譲渡事例に債務超過が多いことを考えると、総会決議の必要な事例が皆無にならないか。

(2) 休業状態が継続している場合はどうか。経営状態が悪化している場合には、営業活動が休止するのは自然の成り行きである。廃業状態であればともかく、休業中であるからといって、ただちに株主保護の必要性がなくなるとはいえまい。客観的にみて営業再開の可能性が残されている限り、企業は生きている。実務上、その判断基準が重要であるが、一律に期間のみで判断することはできない。休業の理由が問題である。その理由によっては、たとえ長期の休業であっても営業再開の可能性は捨てられない。しかし、著しい債務超過が原因で、しかも金融機関の協力も得難いということであれば、長期間の休業は廃業状態へと向かうであろう。

休業中と廃業の区別が問題である。これは要するに、活動しうる生きた営業財産が存在しているかどうかが、判断材料となろう。二、三年の休業で直ちに決議不要の廃業状態とはいえないが、休業が長期化し、客観情勢に照らしても営業再開がきわめて困難であれば、株主保護の対象たる生きた営業はもはや存在しない。そのような状況に至るまで放置した株主を保護する必要はないというべきであろう。

(3)　会社解散後、清算中の営業譲渡の場合はどうか。会社の解散決議は、営業廃止の意思表示である。しかし、解散決議があっても、直ちに有機的財産が単なる個別財産と化するわけではない。したがって、解散決議後といえども営業譲渡はありうるといえる。その場合に、解散前と同じく総会決議を要するかが議論となる。これについても見解は二分され、有力説である決議不要説に対し、決議必要説の支持者が多数のようであり、実務上も留意を要する。決議不要説にも十分な理由があるが、有機的財産が存在する限り、その処分についての最終判断は株主に委ねるべきであろう。

2　無効主張の制限の法理

商法二四五条違反の効果について、仮に絶対的無効と解すると、例えば、譲渡会社での営業譲渡に関する総会決議が後になって取消されたり、あるいはその決議が不存在であったような場合に、譲受人が譲渡会社の議事録を確認するなどの注意を払っていても、総会決議は初めから存在しなかったこととなるため営業譲渡が無効となり、善意・無過失（もしくは無重過失）の譲受人が保護されない結果を招く。実務上もこのような結果は問題があろう。そこで、議事録を確認するなど慎重な行動をとった譲受人を保護する解決が求められる（鈴木竹雄「株式会社法と取引の安全」『商法研究Ⅱ』（有斐閣、一九七一年）五五頁）。このような譲受人は善意であり無過失に近い（少なくとも無重過失）と評価されよう。そのほかに、例えば譲渡時にわざと総会決議を経ないでおいて、後日経営状態の好転を見て、もっぱらその営業を取り返すため決議のないことを理由に営業譲渡の無効を主張するなど、保護に値しない無効主張もありうる。さらには、譲渡会社で総会決議のなかったことを理由に、譲受人側から無効を主張するといった予想外の事例まで現われた。いずれについても、無効の主張を認めないという結論が妥当であることは明らかである。

無効主張の制限を議論する場合には、二つの側面がある。一つは、譲渡会社側からする無効の主張について、善意の譲受人に対する関係で制限されたり善意の転得者に対する関係で無効の主張が制限される場面である。通常いわれるところの相対的無効の場面である。これに対して、譲受人側からする無効主張である。これも相対的無効の一類型といえるが（丸山秀平「取引保護と相対的無効論」神田博司先生追悼論文集『取引保護の現状と課題』（一九八九年）二一九頁）、前者と区別して一方的無効とか片面的無効とか呼ぶ場合もある。これらについて生じる実務上の問題点を次にみておこう。

(1)　ここでの善意は、総会決議があったものと信頼した場合についてと、総会決議を要する営業譲渡であることを知らなかったという意味でのそれとがありうる。むしろ問題は過失について生じる。善意であれば無条件で保護されるものではない。重過失があれば保護されないという点では、少なくとも一致するであろうが、その具体的な判断基準が必ずしも明確でないところに問題がある。過失の程度を単に抽象的に議論してみても、実務上は余り実益がないのではなかろうか。譲受人としては譲渡会社に対して議事録確認を求めるか、少なくとも何等かの方法で確認をして譲渡会社の説明に信頼をおく状況があれば、それ以上は求め得ないであろう。ましてや営業譲受けの認識すらないような場合にあっては、そのような確認を保護の要件とするのは酷である。

(2)　営業譲受人からさらに第三者に営業の譲渡がなされたような場合に、総会決議を欠く譲渡会社はその第三者に対して無効を主張できるか。この場合は、絶対的無効の立場に立っても無効の主張は制約される。動産については、第三者（転得者）は民法上の即時取得（一九二条）で保護されることで問題はない。不動産の場合は、譲渡会社が譲受人に無効を主張できるのであれば、転得者についても同じく主張できるかに見える。不動産登記には公信力がないばかりか、不動産には善意取得も働かない。しかし、実務上この結論では困るであろう。取引の安全のため、譲渡会社は転得者には無効の主張ができないとの結論を導く必要がある。例えば、民法九四条二項の類推である。これによって、エストッペルと同様の機能を果たすことができる。しかし、同条項の類推については議論もあり、また不動産は会社にとって重要な財産であり、善意転得者をどこまで保護するかについては、両者の利害をめぐり判断の困難なことが予想される。

(3)　以上とは逆に、譲受人から無効を主張することは、これまで予想外のものである。営業譲渡の後に長期間経て無効を主張してきたような場合は、信義則違反は容易に認定できる。これが例えば半年後であったら、どう判断されるのであろうか。一年後の場合はどうか。信義則をもちだすと、このような厄介な判断が要求される。無効を主張することに問題があるのであれば、一般条項によるまでもなく端的にその主張を認めないとの結論を導き出す理論構成を考えるべきである。

無効の主張を制限する一方的な無効（いわゆる取消的無効）の法理に対しては、「会社の存立にかかわる財産的基盤に関するもので、公益性の高い無効の制度であり、軽々に民法における錯誤のように考えることはできないのではないか」（塚原・前掲ジュリ八七七号六九頁）とする最高裁調査官の指摘もある。しかし近時の民法学説においては、錯誤や意思無能力による無効の例に見られるように、特定の者を保護するために無効とされる場合には、その特定の者からのみ無効の主張が認められるという考え方が有力となってきた（例えば、川井健『無効の研究』（一九七九年）一四五頁、四宮和夫『民法総則〔第四版補正版〕』（弘文堂、一九九六年）二一一頁ほか）。取消と明確に区別された伝統的な無効以外に、別の無効の概念が存在することは、錯誤事例ではあるがすでに最高裁判例でも認められている（最判昭四〇・九・一〇民集一九巻六号一五一二頁）。

四　今後の課題

営業の重要な一部譲渡の意義は、営業譲渡をどのように解するかにかかわらず、明確にするのは困難である。当面、全営業の一割程度の譲渡事例であっても、総会決議を経ておくのが無難であろう。完全な支配従属関係にない親子会社間での営業譲渡についても、総会決議を経ておくべきであろう。また、譲渡会社の経営状況がかなり悪化していても、総会決議を要すると考えておいたほうがよいのではなかろうか。いずれも、実務においては重要な検討課題である。

［参考文献］

①　福井守・営業財産の法的研究（成文堂、一九七三年）
②　河本一郎ほか・会社の営業譲渡・譲受の実務別冊商事法務四三号（一九七九年）
③　神崎克郎ほか・新訂第二版営業譲渡・譲受ハンドブック（商事法務研究会、一九九九年）
④　宇田一明・営業譲渡法の研究（中央経済社、一九九三年）
⑤　田村諄之輔・会社の基礎的変更の法理（有斐閣、一九九三年）
⑥　菊地伸・合併・営業譲渡［第二版］（中央経済社、二〇〇〇年）
⑦　山下眞弘・会社営業譲渡の法理（信山社、一九九七年）

第2章　会社の重要財産の譲渡と総会決議

一　何が問題となるのか

株式会社が営業の全部または重要な一部を譲渡するには、商法二四五条一項一号によって株主総会の特別決議（商三四三条）を要する。しかし、いかなる場合に特別決議が必要であるかについては、その判断基準が明らかであるとはいえない。この規定にいう営業の譲渡の内容はどのようなものを指すのか、営業の一部とは何であり、その重要な一部の基準はどう考えるべきか。さらには、所定の総会決議を経ずに営業を譲渡した場合の法的効果についても議論がある。

営業譲渡の当事者が個人商人である場合はともかく、それが会社である場合には、利害関係が複雑に生じるため慎重な手続が要求される。合名会社や合資会社の場合は、直接これに関する明文規定はないが、営業譲渡が定款変更その他会社の目的の範囲内にあらざる行為をなす場合（商七二条・一四七条）に準じたものであるとして、社員全員の同意を要するものと解されている。有限会社については、株式会社の場合と同様の規定が置かれている（有四〇条一項一号）。以下、株式会社について議論を整理するが、基本的にはこれは他の会社にもあてはまる。

二　最高裁判決をめぐる従来の議論

1　最高裁の立場

最高裁昭和四〇年九月二二日大法廷判決（民集一九巻六号一六〇〇頁）は、この問題について正面からとりあげたものとして注目される（竹内昭夫「本件解説」会社判例百選［第五版］五八頁、山部俊文・同［第六版］五二頁）。事実の概要は、製材加工・販売業を営んでいたX株式会社が営業不振のため一時休業することとし、その製造工場の土地建物と運搬用軌道設備をYに譲渡したが、これにつきX会社の総会決議を経ていなかったというものである。当該物件はXの主要な目的事業を遂行するための唯一の施設であり、これは総会決議を要する営業の全部またはその重要な一部の譲渡にあたるという理由で、Xは本件契約の無効を主張した。最高裁は、これを論旨理由なしと判決した。

右最高裁判決は、ここにいう営業譲渡は、一定の営業目的のために組織化され有機的一体として機能する財産を譲渡し、これによって譲渡会社がこれまで営んでいた営業的活動を譲受人に承継させ、譲渡会社がその譲渡の限度で競業避止義務を負うものをいう、とする。すなわち、有機的一体性基準に加えて、営業活動の承継と競業避止義務の負担が要件とされる。基本的には、総則の営業譲渡と同様のものと解している。これによれば、営業の譲受人が譲渡人の旧来の営業と異なる営業を営んだり、譲渡人が競業避止義務を負わない場合は、総会決議は不要ということになる。

商法総則では、右の営業概念は当然といえる。そこでは、譲渡人による営業継続によって生ずる譲受人の不利益防止（商二五条）、営業主体の変更を知らない譲渡人の債権者保護（商二六条）、そして、その場合の譲渡人の債務者保護（商二七条）が立法目的とされているわけで、譲渡会社の株主保護（商二四五条一項一号）は考慮の対象とはされない。

2　最高裁の少数意見

この最高裁判決には、同時に反対意見が付されている。これは株主保護を強調して、特別決議を要する場合を拡張する少数意見である。すなわち、有機的一体として機能する財産の譲渡を出発点とするが、これをさらに広げて、重要工場の重要な機械のような営業用財産の譲渡であっても、それが組織的財産の機能発揮の上で極めて重要なものであれば、営業譲渡の概念に含まれるとする。これによれば、重要な財産であれば、組織的財産でなくても営業譲渡として扱われる。

この少数意見のレベルまで営業譲渡の概念を拡張すると、もはや営業とはいえないのではないかという用語上の問題も生じる。加えて、現時の機関権限の分配上からも問題があると思われる。営業用の個別財産の譲渡は、それがいかに重要なものであろうと株主総会の関与するところではなく、取締役会の権限に属するというのが現時の立法の基本的立場である（商二六〇条二項一号参照）。営業の譲渡は、もともと営業を一体として譲渡するところにその特質があり、それゆえに特別の規制が用意されているわけである。

これを要するに、最高裁判決の多数意見は、営業活動の承継と競業避止義務の負担を不可欠の要件とすることで、法律関係の明確性と取引の安全を確保しようとした。これに対し少数意見は、株主保護を重視して、営業譲渡の意義を個別財産である重要な機械にまで拡張した。最高裁内部の二つの意見は、いずれにも問題があるとされ、現在では必ずしも多くの学説により支持されているとはいえない。一般的・抽象的にいえば、現時の多数説は、有機的一体として機能する組織的財産の譲渡それ自体が営業譲渡であり、それ以外の要件は付加しない方向で考えているといえよう。これによれば、有機的一体性基準を満たせば、営業活動の承継の有無や競業避止義務などは不問となり、有機的一体として機能する組織的財産の基準が明らかでありさえすればよい。この基準の明確化が課題となるが、基本的にはこれが無難な立場といえよう。

三　近年の判例・学説の展開

1　認定基準の緩和

東京地裁昭和六二年七月三一日判決（判時一二六四号一二三頁、判タ六六四号二〇二頁）は、最高裁四〇年判決の問題を考える上で参考となりそうである。事案は、語学の総合サービス業を営む会社が、その重要な一部門を廃止後わずか数ヶ月して譲渡したケースであるが、この譲渡にあわせて競業禁止契約があったため、本判決は、営業活動の承継がなくても、競業禁止契約について商法二四五条一項一号の類推適用を認めている。実質的にみて、本件は営業の重要な一部の譲渡であると認定している。このケースについて、仮に既にみた最高裁判決の多数意見を厳格に適用すれば、本件は営業活動の承継がないわけであるから、営業譲渡は認められないはずである。本件東京地裁判決は、これを実質的に判断することで、妥当な結論を導く努力をしている。厳格な意味で営業活動の承継と競業避止義務の負担を要件としない点で、本判決は注目される。

２　新しい学説の展開

学説にも、従来の議論を克服しようとする努力がみられる。それは、有機的一体性基準（大隅健一郎「判例研究」判評八七号（判時四三一号）七五頁）を基礎におきながら、複数の基準をたてて総合的に判断しようとする試みである（龍田節「営業譲渡と株主総会決議（一）（二）完」京都大学法学論叢一〇四巻六号一頁、一〇五巻三号一頁）。これは、一般的な基準にとどまらず、具体的な利害状況を分析し評価することによって、妥当な解決をえようとするものである。すなわち、総会の特別決議を要する範囲を決定する基準としては、①取引の効果を重視する基準として「競業避止義務・営業活動の承継」、②取引の対象をとらえた基準として「有機的一体性・重要な財産・全財産または全資産」、そして、③取引の状況を問題とする基準として「取引の異常性・財務の健全性」などの具体的基準があるとされる。そして、傾聴すべきは、取引の対象がたとえ全財産であっても、譲渡担保、清算中、債務超過などの場合には、総会決議を要求するのは無意味あるいは不都合であるとされる。

従来の有機的一体性基準だけからでは、これらの判断は十分にできなかったという点で、複数の基準によるこの新しい試みは、現時の多数説（有機的一体性基準）を補う意味でも有益である。

いずれにせよ、従来からの議論は、営業譲渡を取引法的行為とみてきたが、これに対し、抜本的な批判もみられる（宮島司・企業結合法の論理二二四頁）。企業結合的見地からの考察の必要を強調する立場である。すなわち、商法二四五条一項一号は、営業譲渡によって他の企業と結合するからこそ会社の運命に重大な影響を及ぼすことになり、特別決議を必要とするわけであって、営業譲渡を取引法的行為とみる立場とは前提を異にする。そして、判例に現れた異常なケースに目を奪われることなく、会社法における営業譲渡として、本来法が予定したものとは何か、という制度目的から営業譲渡概念を導こうとしている。要するに、企業結合的見地からすれば、営業活動の承継は要件となるが、競業避止義務は問題とならない。つまり、有機的一体として機能する組織的財産の譲渡と譲受人による営業活動の承継が営業譲渡なのである、とする。

この見解は、結局競業避止義務の負担を営業譲渡の要件から排除しており、それだけ営業譲渡の認められる範囲が拡大されるわけで、株主保護の要請という面では一歩前進している。しかし、営業活動の承継を要求しているため、最高裁四〇年判決におけると同様の問題は残されよう。

以上の営業譲渡をめぐる議論をもとに、営業譲渡の概念を広いものから順にあげると、①営業用財産、② 有機的一体として機能する組織的財産、③ それに加えて営業活動の承継を要件とするもの、④ さらにそれに加えて競業避止義務の負担も要件とするもの、などに分類されるであろう。筆者としては、基本的には②の立場を出発点に考えている。

四　営業の重要な一部の判断基準

1　重要な一部の基準

どのような営業譲渡の概念をたてるにせよ、その全部譲渡については判断にさほどの困難は伴わないであろう。問題は、商法二四五条一項一号にいう「重要な一部」の判断基準である。判例の上では、その限界事例はみられない。たとえば、① 全営業に占める割合が九割を超える部分の譲渡事例（東京地判昭三三・六・一〇下民九巻六号一〇三八頁）、② 二つの工場のうち一工場を譲渡したが、そこでの営業が全売上高の八割を占めた事例（東京高判昭五三・五・二四判タ三六八号二四八頁）、③ 製造・販売会社の有する三つの工場のうち、一工場の営業を譲渡した事例（最判昭六一・九・一一判時一二一五号一二五頁）などは、いずれも重要な一部と認定されている。これらに共通していえることは、売上高はいずれも過半を占め、設備面でも三割以上を占めている。したがって、おそらくいずれの立場にたっても同様の結論を示すのではなかろうか。

四　営業の重要な一部の判断基準

それでは、重要な一部とはどの程度のものと考えるべきか。これを数値で示すことができれば解決は容易であるが、一律にそれで割り切ると妥当でない場合もありうる。量的にわずかであっても内容の重要なものもあるであろう。そういった意味で、質と量の両面から総合的に判定するほかなく、具体的には譲渡対象の有望性、収益性、設備の割合、売上高の割合、あるいは従業員の割合なども考慮されるべきであろう。一般的基準としては、その譲渡によって会社が自己の営業を維持できなくなるか、または少なくともその営業規模を大幅に縮小せざるをえなくなり、その意味で会社の運命に重大な影響を及ぼす場合を基準とすべきであろう。したがって、単に重要というだけでは足りないが、営業の全部に近いものに限定するのも行き過ぎである（この判断基準については、さしあたり河本一郎ほか・別冊商事法務四三号〈会社の営業譲渡・譲受の実務〉七七頁、神崎克郎ほか、営業譲渡・譲受ハンドブック九頁、一二四頁以下など）。

2　具体例の検討

判断の困難な事例を二つあげておこう。

(1)　製造販売業から商社へ転じるため、製造設備のすべてを譲渡し、販売先は従来どおり譲渡会社に留保している場合はどう考えるべきか。製造に関する従業員は解雇し、譲受会社は譲り受けた設備を利用して製造業を営んでいるが、譲渡会社の営業は実質上変化がない。自社で商品を製造して販売するのも、他から仕入れて販売するのも、販売面では変化がない。このケースは、販売面では譲渡会社は競業避止義務を負わないし、譲受会社も販売面では営業活動を承継していない。しかし、譲渡の対象となった製造設備は規模も大きく、メーカーにとっては重要な位置を占めるといえよう。工場が有機的財産の実体を備え、独立して営業をなしうる組織的素地を有しているかぎり、譲渡の結果、製造業ができなくなれば企業規模の大幅な縮小を招くことにもなりかねない。決議不要として問題はないか。これは、営業譲渡の意義をどのように考えるかによっても、結論が左右されようが、いずれにせよ重要な一部と判断される余地は十分にあろう。

(2)　右に対して、メーカーの販売部門の譲渡はどうであろうか。右の事例と異なって、譲渡対象は財産としては僅少な販売部門であるが、譲受会社は販売業を承継できる。これは、営業の譲渡であることに疑いはないが、量的な割合基準からすれば決議は不要となる余地のあるケースともいえよう。しかし、企業収益の面では販売部門は重要であり、財産割合だけから判断すべきではない。

五　会社の状況と総会決議の要否

1　債務超過

譲渡会社が債務超過にある場合でも、営業譲渡の規制に服すべきか。純資産がマイナスであるため、株式買取請求権(商二四五条ノ二)を行使させる意味がないことをひとつの理由に、債務超過の場合には特別決議を要しないとの見解がある（遠藤美光「財政破綻にある株式会社の営業譲渡（一）（二）完」上智法学論集二三巻一号一一七頁、同二号一七一頁）。有機的一体性基準だけでは、このような結論は導けない。確かに、株主保護の必要がすでにその意義を完全に失っている状況にあれば、特別決議を要求する実益はないであろう。しかし、それを株式買取請求権を行使する実益の有無だけで判断するのは、慎重を要すると思われる。債務超過の状況にあっても、譲渡の可否をめぐって株主の判断を求める意義は、完全になくなったとはいえず、株主保護の要請は単なる赤字というだけで当然には消滅しない。

2　休業中

譲渡会社が休業中の場合はどうか。すでに検討した最高裁四〇年判決も一時休業のケースであった。二、三年の休業で直ちに決議不要ということはできないであろうが、休業が長期化し、客観的にみて営業再開が不可能な状況に至れば、それはもはや営業ではないということになるであろう。そこまで放置した株主を保護する意味はない。問題は、具体的にそれをどの程度の期間で判断するかであるが、単純に期間を数値で示すのは困難であるばかりか、かえって妥当でない場合もありうる。これも営業譲渡の意義に照らして、個別に判断するほかないであろう。

3　会社の解散

会社解散後はどうであろうか。解散後でも、営業譲渡にかわりはなく特別決議を要するというのが、多数説のようである。しかし、解散は一切の営業をやめることを確定したのであるから、株主保護は問題の余地がないとする見解もある。この場合に特別決議を要求しても株式買取請求権の行使もできず（商二四五条ノ二但書）、仮に営業譲渡を否定しても、解散後においては営業の継続を意味せず、したがって特別決議を求めても意味がないことを理由とする。決議不要説も説得的であるが、解散後でも有機的財産の処分は株主の利害にかかわるので、これを株主の判断に委ねる必要も全然ないとはいえまい。

4　営業の担保化

営業を譲渡担保に供する場合はどうか。譲渡担保の担保的側面に注目して、これは資金調達によって営業を継続するのが目的であり、債務の弁済により元にもどるのであるから、譲渡担保は経営政策の問題であるとする決議不要説に対して、反対の立場もある。基本的には決議は不要とするのが大方において妥当であろうが、譲渡担保の対外的効力も無視はできず、決議の必要な場合も皆無とはいい切れないであろう。

六　総会決議を欠く営業譲渡の効果

1　相対的無効の考え方

商法二四五条違反の効果については、無効という点では一致している。同条は株主の保護を目的とするからである。しかし、この無効を絶対的なものとみるべきかどうか、という点については議論がある。現在では、従来の絶対的無効という考え方に対して疑問を示す見解が有力となってきた。無効を相対的なものと解することで、取引の安全との調和をめざす考え方であり、いわば訴訟的側面からのアプローチの試みでもある。有機的一体性基準を中心に営業譲渡の概念を明らかにすることには、おのずと限界がある。実体的側面だけから考察することに対する反省でもある。

ひとつの考え方として、その営業譲渡が会社の運命にかかわるようなものであれば、特別決議を欠けば無効であるが、そのような場合であることを知らず、かつ知らないことに重過失もない譲受人に対しては、無効の対抗ができないとの見解（鈴木竹雄＝竹内昭夫『会社法〔第三版〕』二四九頁）がある。これによると、譲渡会社が譲受人の悪意を立証すべきことになり、この点に疑問を示す見解もある（上柳克郎「営業譲渡」会社法演習Ⅱ七八頁）。立証責任の問題で解決するもうひとつの考え方は、営業用財産の全部譲渡については営業譲渡とし、この場合には営業譲渡性を否定する側が立証責任を負う、とする。ただし、重要な一部譲渡の場合は、譲受人の保護のため、営業譲渡であることの立証責任は譲渡会社が負うものとされる（服部榮三「判例研究」民商五四巻四号五七五頁）。全部か一部かで立証責任の負担者に配慮する点で、この見解は興味深いが、前者の見解への批判と同様のものが予想されよう。

2　信義則による解決

ここでの無効は相対的に解すべきであろうが、これについて最高裁昭和六一年九月一一日判決（判時一二一五号一二五頁、判タ六二四号一二七頁）の事案が興味をひく。それは、特別決議を経ずに営業を譲渡した会社に対し、譲受人が譲渡会社で決議のなかったことを理由に、契約後二〇年を経て営業譲渡の無効を主張したケースである。右判決は、信義則違反を理由に無効の主張を制限した。この判決に対しては、信義則をもち出すまでもなく、相対的無効の考え方で解決が可能であるとの指摘もある（落合誠一・昭和六一年度重要判例解説九八頁、山下眞弘・会社判例百選［第五版］六〇頁）が、このような片面的無効の考え方には解決すべき課題もある（上柳克郎「商法における『当事者の一方のみが主張できる無効』」服部榮三先生古稀記念・商法学における論争と省察一二二頁）。通常、営業の譲受人は自己への営業譲渡が有効であることを期待するわけで、譲受人が本件のように無効を主張するのには、それなりの目的があり、その意図に正当性のない場合が多いものと推測できる。その意味では、本件に限らず譲受人のこのような無効の主張は制限されるべきであろう。

第3章　会社営業の重要な一部譲渡
──その具体的判断基準──

一　営業と営業財産の関係

株主総会の特別決議を要する営業の重要な一部も、営業であることを要する。(1) 重要工場の重要な機械のごとき財産では足りず、営業譲渡と財産譲渡の区別が問題となる。通説・判例は商法二四五条にいう営業譲渡の成立要件として、営業活動の承継・競業避止義務の負担を要求する。しかし、このいずれの要件についても多くの論者から疑問視され、批判されてきたのは周知のとおりである。(2) 営業譲渡に総会決議を要求する趣旨からみても、右の批判は正しい方向を示している。しかし、有力説と目される有機的財産を重視する考え方にも、論者によって理解の相違や幅があるように思われる。具体的に有機的財産とは何か。いわゆる得意先関係までも含まれていることを要件とするのか。あるいは得意先関係まで含んだ財産の譲渡は要求しないが、それ以外の事実関係（経営の組織・仕入先関係等）が含まれていることを要件とするのか。それとも、物理的な有機性があれば、それでもって足りると考えているのか。このように、有機的財産の譲渡が営業譲渡であるといっても、その意味するところは必ずしも一義的には決まらない。(3) 後者に向かうに従い、有機的財産は個別財産に接近する。(4)

筆者は、かねてより有機的財産の譲渡を営業譲渡と考えており、事実関係の存在は要するが、必ずしもその譲渡までは要求しない立場をとってきた。(5) ただし、業種によっては、事実関係を除けば単なる個別財産にすぎないようなものもある。したがって、原則として事実関係の譲渡は要件としないが、それを除外した場合に単なる個別財産しか残らないような場合は、事実関係の全部またはその主要なものが含まれた財産譲渡を要件としたい。譲受人が譲受けた財産をもって、同種の営業をしようと思えば出来る程度の組織的財産の譲渡が、総会決議を要する営業譲渡であると基本的には考えている。

(1)　東洋信託銀行証券代行部編・会社の営業譲渡・譲受の実務—「営業の重要なる一部」の

判断と実務手続―別冊商事法務四三号六六頁（一九七九年）、商事法務研究会編・新訂第二版営業譲渡・譲受ハンドブック二四頁（一九九九年）、菊地伸・合併・営業譲渡［第二版］一七八頁（中央経済社、二〇〇〇年）参照。

（2）大隅健一郎「判例評釈」判例評論八七号一七頁、竹内昭夫「判例解説」会社判例百選（第五版）五九頁（一九九二年）、田村諄之輔・会社の基礎的変更の法理一九頁（有斐閣、一九九三年）など参照。

（3）有機的一体性基準に従いつつ、単一の基準で割切ることの困難性を指摘するものとして、龍田節「営業譲渡と株主総会決議（一）（二）完」京大法学論叢一〇四巻六号一頁、同一〇五巻三号一頁以下参照。

（4）松田二郎・私の少数意見八五頁（商事法務研究会、一九七一年）は、有機的財産を前提としながら、重要工場の重要な機械も営業の重要な一部であるとする。

（5）山下眞弘・会社営業譲渡の法理一一四頁以下（信山社、一九九七年）参照。

二　重要な一部の判断基準

1　商法二四五条一項一号の趣旨

営業譲渡に総会決議を要するのは、それが会社存続の基礎にかかわるからである。事実上にせよ営業が出来なくなるか、あるいは結果として企業規模の大幅な縮小を招くことが問題となる。株主保護を要するそのような結果を招くのは、営業の全部譲渡の場合に限らない。ここに重要な一部譲渡を問題とする理由がある。全部譲渡に限定すると、一部留保により総会決議を免れるという脱法行為が起こりうる。これを防止する機能をも考慮に入れると、「重要な一部」の概念は存在意義を有する。問題は、この文言にいかなる具体的内容を盛り込むかである。ある程度の重要性があれば足りると考えることは、商法二四五条の趣旨および機関の権限関係からみて疑問である。したがって、これは厳格な方向で考えるべきである。抽象的には、その譲渡によって商法二四五条が予定しているような重大な結果が生じるような程度を問題とすべきである、といえる。諸外国の取扱いに比較しても[(6)]、これは正しい方向を示すものと考える。この方向に沿う具体的基準は何か。その明確な基準を求めることは可能であるか。

2　割合基準の当否

右の考え方を明確な具体的基準をもって一律に示すのは、困難であるばかりでなく、必ずしも妥当とはいえない。これまで、一割基準と三割基準とが主張されているが[(7)]、いずれにせよ、問題がある。一定割合の譲渡をもって重要な一部か否かを判断すると、割合に達しさえすれば重大な結果を生じなくても決議が必要となり、逆に重大な場合でありながら、割合に達しないため決議が不要となる不当な結果を招くことが危惧される。もとより、右基準の提唱者もこのような不当な結果を是認するものではなく、割合基準以外の判断材料を用意される。仮に、割合の問題に限定して考える場合、一割と三割のいずれが適当か。この基準の判断さえも容易でない。重要な一部という表現からすれば、一割で足りるようにもみえるが、重要な部分でなければ三割でも足りない。そもそも割合基準の設定自体に問題があるように思われる。他の事情を一切考慮の外において、とにかく割合だけを考えようとしても、それは無理である(8)。具体的に何が譲渡の対象であり、それが当該企業にとってどのような位置を占めるか。このような判断材料なしに、一般的に割合だけを決めることは、立法趣旨からみても妥当でない。営業の重要な一部の判断は、個別具体的に各種の判断材料をもとに、総合的になされるべきである。

3　具体的な判断事項

この判断をなすにあたり、具体的にいかなる事柄を考慮すべきか。譲渡対象の有望性、収益性、固定資産の割合、従業員の割合、売上高の割合、などが考えられる。さらに、譲渡対象が二部門のうち一部門を占めるとか、それが販売部門であるとか、あるいは全体のうちでそれが特殊性を有するとかいったような場合は、割合の上で小さくても重要な一部と判断される余地が生じる。また、営業に不可欠な財産であれば、それだけ一層重視される。もとより、判断材料は右に尽きるものではない。

これをどのように考慮すべきか、といった適用上の問題がある。これは、譲渡によって重大な結果を生じるかどうかといった観点から、具体的場合に応じて判断するほかないであろう。いまひとつ確認すべきは、右の各種の判断材料は実際上判断が可能であるかという点である。譲渡の対象となっている営業が、将来に向かって有望なものであるかどうかといったようなことは、現実問題として譲渡時に判断が可能であろうか。譲渡後に争いが生じた場合、裁判官として判断が困難ではないかと推測できる。将来の予測を要求するのは、譲渡当事者に酷かとも思われるが、これも一つの判断材料とはなしえよう。営業の重要な一部の判断基準は、一般論としてはこれ以上明確にはできないようである。一般論や抽象論だけでは問題の解決にならない。

(6) アメリカ・ドイツのいずれも厳格な方向を示す。具体的にどの程度を問題とするかについては、わが法の解釈にはあまり参考とならない。ただし、営業概念の把握については、これら諸外国の規制は参考とする余地がある。アメリカ法について詳しくは、遠藤美光「財政破綻にある株式会社の営業譲渡（一）（二）完」上智法学論集二三巻一号一一七頁、同二三巻二号一七一頁以下参照。なお、近時の状況について、山下眞弘「米国会社法における資産譲渡と総会決議―再改正される模範会社法からの示唆―」立命館法学二六九号（二〇〇〇年一号）一頁以下参照されたい。

(7) 前掲（注1）別冊商事法務四三号六八頁以下によると、河本教授は一割基準を、田代弁護士は三割基準を示される。

(8) 山下眞弘「機関改正試案と営業譲渡・譲受規制について」商事法務八三九号一三頁以下参照されたい。

三　具体的事例による検討

営業の重要な一部の譲渡が、総会決議[9]なしに取締役会の判断でなされると、その取引は無効であると解されている。しかも、基本的に取引の相手方の善意・悪意は不問とされてきた。

この結論には、学説上も批判が多い。ただし、総会決議が営業譲渡の効力要件である点では争いがない。したがって、当該取引が営業の重要な一部であるか否かの判断は、大きな意味をもつ。そこで、予防法学の見地から、(10) 具体的な事例を検討したい。

最初に、割合基準から一割譲渡・五割譲渡の事例、次に、割合では判断が特に困難な事例、さらに、全部譲渡でも判断の困難な事例に区分して検討を進める。なお、ここで検討する諸事例は、前掲の別冊商事法務四三号六六頁以下の事例を要約整理したものである。

１　営業の一割譲渡事例（私見は総会決議不要）

〔事例Ⅰ①〕　Ａ社は複数の事業のうち、将来有望と目されるマリーナ事業を、時期尚早との理由でＢ社に譲渡。Ｂ社は同事業を承継。当該譲渡目的物は、総資産の一割（全固定資産の五割）、相当な赤字部門（全体は黒字）、売上高は微少（開店休業状態）、そして全従業員の一割（Ｂ社へ移転）である。

決議必要の理由としては、有望産業で客観的価値が大きいこと、固定資産の割合が大きいこと、そして一割基準を満たすこと等が挙げられる。決議不要の理由としては、赤字ゆえ収益性がないこと、一割程度では重要な一部といえないことが挙げられるが、さらにこの譲渡によって、A社はその存続の基礎に重大な影響を受けないものと推測できる点に注意したい。単に割合が小さいだけでなく、現状では実質的に重要性が小さい。

〔事例Ⅰ②〕　A社は船会社であるが、二部門のうち外航部門を専門化するため、それをB社に譲渡。B社は事業承継。A社の業務内容には大きな変化はない。譲渡目的物は、総資産の一割、大幅赤字部門（全体も赤字）、全売上高の二割、そして全従業員の三割（B社へ移転）である。

決議必要の理由としては、二部門中の一部門は重要であるということが強調されそうである。これに対しては、割合が小さいこと、赤字であることを理由に決議不要との反論が成り立つが、さらにA社の事業は譲渡後も大きな変化がない、という点に注意したい。割合が小さくても、二部門のうち一部門を譲渡するということは、重要性の一つの判断材料にはなると思われるが、A社に対する影響の面からいうと重大な結果を生じていないようである。また、A社は全体としても赤字であり、その程度いかんによっては、あるいは有機性を欠く疑いも生じよう。

〔事例Ⅰ③〕　A社は総合化学製品の製造販売会社であるが、その一部門たるアルミニウム事業部門が不振のためそれをB社に譲渡。B社はその製造・加工・販売すべてを承継。譲渡目的物は、総資産の一割、赤字部門（全体は黒字）、全売上高の一割弱、そして全従業員の三割（B社へ移転）である。

これは一割基準の限界事例に属するといえよう。決議必要の理由としては、まずアルミニウム事業の将来性に期待する点が挙げられるが、この点は悲観的な見方もあり、必ずしも楽観視できないともいえる。アルミニウム事業がA社において不振なのは、電力代金の大幅値上げとわが国経済の停滞による需要減退が主たる原因とされるが、その事情が存続する限り、将来性への期待は当面困難であろう。したがって、これはあまり理由となしえない。次に、アルミニウム事業がA社における異質部門であることが挙げられる。さらに、それが定款中の一事業目的であり、その譲渡によって事業目的の一部を削除する結果となる点を、決議必要の理由とする。これに対しては、割合が小さいく収益性がないことを理由に、決議不要と判断することが可能と思われる。

右の三つの事例が、仮に三割譲渡の場合であるとどうなるか。三割基準の論者が決議必要とする余地が生じるが、収益性のないことが一つの消極理由となろう。

2　営業の五割譲渡事例（私見は総会決議必要）

〔事例Ⅱ①〕　A社は紡織・染色という互いに関連する二事業のうち、不振な染色部門をB社に譲渡。B社は営業活動を承継。譲渡目的物は、総資産の四割、赤字部門（全体としては赤字には至らず）、全売上高の三割、そして全従業員の七割（B社へ移転）である。

決議不要とする理由は、収益性がないということぐらいであろう。割合の点でいえば、この事例は重要な一部にあたると思われる。A社は全体としては赤字になっていない。したがって、有機性は喪失していないと思われる。譲渡の対象は赤字部門であるが、赤字がただちに有機性の喪失につながるとはいえない。赤字の程度その他、諸事情を総合的に考慮する必要があると思われる。その意味では収益性はあまり過大に重視すべきでない。この事例の場合、従業員の割合が特に大きい点に注目したい。二つの事業のうち、一つを失う結果を生じる点などをも考え合わせると、決議必要と判断してよかろうと思われる。

〔事例Ⅱ②〕　この事例は従来のものと多少異なり、営業活動の承継がない。A社はホテル・スポーツの二事業のうち、業績不振のスポーツ部門をB社に譲渡。B社はこれを別目的（たとえばスーパー）に使用。譲渡目的物は、総資産の五割、赤字部門（全体は黒字）、全売上高の五割、そして全従業員の七割（B社へ移転）である。

決議不要の理由としては、B社に営業活動の承継がないこと、および譲渡部門に収益性がないことの二点が挙げられよう。営業譲渡に営業活動の承継を要件とすれば、決議不要となることに疑いはないが、そのような前提自体に問題がある。もうひとつの理由は、収益性のないことであるが、これもあまり重視すべきでない。この事例の場合、資産のみならず、特に従業員の割合が大きく、かつ性格を異にする二部門のうちの一部門譲渡ゆえ、決議必要と考えたい。

3　割合基準では判断が困難な事例

〔事例Ⅲ①〕　これは、メーカーから商社へ転換するための全設備譲渡の事例である。A社は特殊機器の製造販売を行っていたが、機械の輸入販売業に転換するため、有機的な製造設備全部をB社に譲渡。販売先は従来どおりA社に留保。A社はわずかに赤字である。従業員は解雇。B社は譲受けた設備で製造し、A社以外に納入できる。営業活動の承継はない。

これはメーカーにとって重要な位置を占める製造設備の譲渡の事例であるが、決議不要といえるか。不要とする理由としては、営業活動の承継がないから、これは営業譲渡でないとの説明がなされる。決議不要のいまひとつの理由は、営業として変化がないという点である。商品を自ら製造して販売するのも、他から仕入れて販売するのも、販売の面からみれば同じで変化がないとの説明がなされる。しかし、この説明は、営業譲渡の成立に営業活動承継を要するといっているに等しい。得意先が除外されると有機性が喪失するとはいえないであろう。それを除いても、独立して営業をなしうるだけの組織的な素地があれば、有機的財産であり営業譲渡の問題となりうると考える。この事例の製造設備は、B社がそれでもって製造活動をすることからも分るように、組織性があるようである。製造会社の製造設備は重要である。譲渡の結果、製造・販売のうち製造が出来なくなる。企業規模の相当な縮小も余儀なくされる。これは、営業の重要な一部と認められよう。なお、この事例は、営業活動の承継があると認定される余地が残されている

〔事例Ⅲ②〕　次は、メーカーの販売部門の譲渡事例である。自動車メーカーであるA社は、製造・販売部門のうち、販売部門（財産としては僅少）をB社に譲渡。B社は販売業を承継。なお、A社は黒字である。

これはメーカーの製造設備の譲渡に対比して検討すべき事例である。右の事例Ⅲ①の場合に決議不要とした論者でも、この事例の場合は必要とする余地が生じる。営業活動の承継がある。ただし、割合の面に注目すると疑問の余地があるかも知れない。製造会社の販売部門は価額の点で僅少である。割合基準だけに注意を向けると決議不要となりそうである。割合

では判断が困難であり、危険でもある事例といえる。製造・販売会社の販売部門の重要性も見逃せない。販売部門は企業収益の面から重要である。割合が小さいからといって軽視できない。これも営業の重要な一部として取扱うべきである。

〔事例Ⅲ③〕　これは、販売会社の財産譲渡の事例である。販売会社であるA社は、販売事業拡張のため、事業の維持を前提として総資産の二割にあたる全固定資産（土地・建物）をB社に譲渡。A社は黒字である。

これは仮に五割譲渡であっても、決議不要とすべき事例であると思われる。土地・建物が営業の中心的地位を占めるような業種（不動産賃貸業のごとし）の場合であればともかく、販売会社にとって不動産はさして重要といえない。いわゆる営業用財産も営業であるとの立場にでも立たない限り、決議必要の余地はない。しかも、この事例は二割譲渡であるから、いずれにせよ決議不要となる可能性は大きい。販売会社はこの不動産を譲渡しても、従来どおり営業が可能であり、しかも事業拡張をめざしての譲渡であることから考えれば、どのような立場によっても、決議不要の結論で一致するものと思われる。

4　実質的な全部譲渡でも判断が困難な事例

〔事例Ⅳ①〕　これは、不動産賃貸業の全不動産の譲渡事例である。A社は不動産賃貸業を業とするが、ビル管理清掃業に転じるため、賃貸の対象となっている土地・建物（ほぼ全財産）をB社へ譲渡。これによって、A社は同事業を廃止。B社が譲受財産を利用して同事業を継続するかどうかは不明。A社は黒字である。

この事例は場合分けをして検討すべきであろう。まず、A社が賃借人のいない状態にして、土地・建物を譲渡する場合はどうか。通説・判例によれば、単なる財産であると認定され、決議不要となるであろう。賃借人不在の状態にある土地・建物は、単なる不動産と同視してよいと思われる。そのように解さないと、譲受人側に酷である。譲受人としては、当該不動産を営業と認識する余地はないのが通常である。

これに対して、賃借人が存在する状態での譲渡の場合はどうか。結論として決議必要と考える。賃貸業なる営業の継続中における重要財産の譲渡であり、B社が同事業を引継ぐか否かは問わない。通常は、B社が同事業を継続する意図にあると思われるが、そうでなくても、A社の事業が譲渡の結果できなくなる点に変わりはない。ここに、A社の株主保護の必要が生じる。賃借人を伴う譲渡の場合は、一律に決議必要としても、譲受人にとって酷ではない。そのような状態にある土地・建物は、単なる不動産でないことが、譲受人として分かるのが通常であるからである。

この事例に関連して、土地だけでも営業可能な駐車場経営の場合に、判断の困難な問題がある。駐車場は立地条件さえ整えば、得意先が付着しているともいえる。土地の譲渡がすなわち営業譲渡となりそうである。しかし、譲受人側に同事業の存在について予見・認識が必ずしもあるとは限らず、酷な結果を生じやすい。このような単純な財産の場合、有機性の有無の判断が極めて困難となる。

〔事例Ⅳ②〕これは、債務超過会社の全部譲渡の事例である。販売会社であるA社は、不況と経営の失敗のため大幅赤字を出し、全財産を従業員と共にB社へ譲渡。B社は営業活動を承継。

この事例の場合、赤字の程度によって有機性の有無が判断されよう。赤字であれば有機性なしとはいえないが、大幅赤字で全く資金調達手段もなく、休業期間も長期化し、内外関係者の協力もなく、さらには業界の動向も悪く、総合的にみて近い将来に営業再開の見込みがない状態に至っておれば、もはや有機的財産とはいえず決議は不要となる。この段階に至れば、株主の意思を問う実益もなく、処分する以外にない。営業成績が良好であれば、通常は営業譲渡をしないであろうから、営業譲渡が問題となるのは、多くはこのような経営不振の企業の場合であろう。したがって、赤字であれば決議不要とすれば、大半の場合は決議不要となる。赤字でもその程度によっては株主保護の必要性は決して小さくない。

(9) 鈴木竹雄・商法研究Ⅱ五五頁（一九七一年）、田代有嗣「会社の営業譲渡・譲受規制（一四）」商事法務八四九号一八頁（一九七九年）、落合誠一・新版注釈会社法（五）二七八頁（一九八六年）など参照。なお、事例は異なるが、判例も信義則の適用で妥当な解決をしようとしている（最判昭六一・九・一一判時一二一五号一二五頁）。これについては、山下眞弘「本件解説」会社判例百選（第六版）一六頁（一九九八年）参照。

(10) 多田晶彦「重要なる営業の一部譲渡・譲受け議案の決定」商事法務八一一号三六頁以下参照

四 おわりに

具体的事例の再検討を通じて、およそ次のようなことがいえるのではなかろうか。割合基準を採用した場合、五割程度の譲渡であれば、営業であることを前提に決議必要の方向にある。一割程度の譲渡では原則として足りないように思われる。その中間にある場合については、個別的に判断するほかにない。仮に割合で判断するとしたら、大まかにいって、三割程度を一応の目安にできるのではなかろうか。

もとより、これは重要性判断の一要素にすぎない。企業にとって重要な位置を占める部門を除外すれば、三割をこえても消極に判断せざるを得ない場合もあろう。その意味では、割合基準は、完全ではない。企業の置かれた状況も考慮に入れて、総合的に判断すべきである。すなわち、現在営業継続中か、あるいは休止中であっても近い将来に再開されうると客観的に認められる状態にある企業を前提にして、その譲渡の結果、営業が従来通り継続できなくなったりその大幅縮小を招くような場合であれば、重要な一部譲渡として問題とされるべきである。営業再開の不可能な廃業状態にあれば、もはや全部譲渡でも株主保護は問題となりえない。

第4章　取締役会決議を要する重要財産の処分

一　重要な財産の判断基準は何か

営業の重要な一部の譲渡には、商法二四五条の総会決議を要し、重要な財産の処分は、二六〇条二項一号により取締役会の決議が必要である。そこで、両者の判断基準が問題となる。営業と財産との区別も必ずしも容易ではないが、いずれも「重要な」ものという点で、共通する文言が使われている。営業の重要な一部の意義については、これまでの蓄積があり、一割とか三割など全部に対する一定割合を数値で示す見解もあるが、それには問題がある。営業譲渡に総会決議を要する趣旨から、これは判断すべきである。それに対して、取締役会の決議を要する重要な財産の判断基準については、その基準が示されずにきた。

このような状況の中で、商法二六〇条二項一号における重要な財産の処分の判断基準について、近年、最高裁による一定の基準が示された（最判平六・一・二〇・民集四八巻一号一頁、判時一四八九号一五五頁）。本件の争点は、会社の総資産額の約一・六パーセントに相当する価格の株式の譲渡は、商法二六〇条二項一号にいう重要な財産の処分に当たるかであるが、最高裁は、これにつき具体的に判示した。

二　具体的な事実の内容

ショッピングセンター等の経営を目的とするX株式会社（原告・控訴人・上告人）の代表取締役Aは、平成二年一月一八日、Y（被告人・被控訴人・被上告人）に対し、X会社の有するB株式会社の額面五〇円の株式一二万一、〇〇〇株（本件株式）を代金七、九八六万円で譲渡した。ところが、その譲渡についてはX会社の取締役会の承認決議はなされていなかった。なお、かつて昭和六三年六月一五日、X会社の取締役会において、X会社の有する他の会社の株式を譲渡することを承認するための決議がなされたことがある。

平成元年二月末日現在のX会社の資本金は一億六、七〇〇万円、その有する資本の価格は合計四七億八、六四〇万円余、そのうち本件株式の帳簿価格は七、八〇〇万円であった。本件株式は、Ｂ会社の発行済み株式の七・五パーセントに当たる。なおＢ会社は、茶の製造販売業を営んでおり、過去において一割配当の実績もあり、またＸ会社の発行済み株式の一七・八六パーセントを保有している。しかし、Ｂ会社はＸ会社との間に商取引もなく、Ｘ会社はＢ会社の株主総会に出席したこともない。

右の事実関係の下において、Ｘ会社は、本件株式の譲渡は商法二六〇条二項一号に違反することを理由に、その無効の確認を求めた。これに対し原審は、本件株式は価格的には相当な財産ではあるが、①配当を受領していただけでＸ会社の営業の維持発展のため必要不可欠な財産ではないこと、②譲渡の対価を取得できること、③本件株式の帳簿価格とＸ会社の資産額との対比などを併せて考えると、本件株式譲渡は商法二六〇条二項一号にいう重要な財産の処分に該当しないと判断したため、Ｘは上告。

三　最高裁判所の判断

「商法二六〇条二項一号にいう重要な財産の処分に該当するかどうかは、当該財産の価格、その会社の総資産に占める割合、当該財産の保有目的、処分行為の態様及び会社における従来の取扱い等の事情を総合的に考慮して判断すべきものと解するのが相当である。……本件株式の帳簿価格は七、八〇〇万円で、これはX会社の前記総資産四七億八、六四〇万円余の約一・六パーセントに相当し、本件株式はその適正時価が把握し難くその代価いかんによってはX会社の資産及び損益に著しい影響を与えるものであり、しかも本件株式の譲渡はX会社の営業のため通常行われる取引に属さないのであるから、これらの事情からすると、原判決の挙示する理由をもって、本件株式の譲渡は同号にいう重要な財産の処分にあたらないとすることはできない。……B会社は平成二年五月三〇日に開催されたX会社の株主総会に出席した上取締役選任に関する動議を提出したことがうかがわれるのであるから、本件株式の譲渡はX会社とB会社との関係に影響を与え、X会社にとって相当な重要性を有するとみることもできる。」（破棄差戻）

四　論点の解説

1　上告代理人の上告理由によれば、商法二六〇条二項一号にいう「重要ナル財産」とは、価格の点と、当該処分が会社に及ぼす影響の点の両面から判断すべきであり、原判決が「価格的には相当な財産」としながら、これを重要な財産ではないとするのは、理由に不備がある、として、価格の面で相当であれば、直ちに重要な財産にあたると主張する。本判決は、商法二六〇条二項一号にいう重要性の判断基準について、①当該財産の価格、②その会社の総資産に占める割合、③当該財産の保有目的、④処分行為の態様、⑤会社における従来の取扱い等の事情を総合的に考慮して判断すべきであるとしている。そしてこの判断基準を本件にあてはめて、①本件株式はX会社の総資産の約一・六パーセントを占め、②本件株式の適正時価の把握が困難であり、③本件譲渡行為はX会社の通常の取引に属さないし、④本件株式の譲渡はX会社とB会社との関係に影響を与え、⑤これまでもX会社では、その保有株式の譲渡については、少額でも取締役会の承認決議がなされてきた、とされた。

価格が大きいほど重要性の認定は容易となりそうであるが、そもそも価格の基準がなく、また、価格が大きければ常に重要であるともいい切れない。原判決が本判決と正反対の結論をだしているのも、このあたりの判断の困難さを示している。本件では、譲渡の対象が単なる財産ではなく、他の会社の株式であることから、支配関係にもかかわる取引であり、価格の大小だけでは判断しかねる要素も含んでいる。加えて、株式の評価が必ずしも容易でなく、この時価の把握の仕方によっては、重要性の判断を左右しかねないともいえる。

2　取締役会の権限に関する商法二六〇条は、昭和五六年に全面改正を受け、同条二項各号は、代表取締役に決定を委ねることのできない事情を列挙している。本件では、そのうち一号に定める「重要ナル財産ノ処分」にあたるか否かが問われている。取締役会での決議を要するかどうかを判断する基準として「重要ナル」という文言が用いられるが、この概念は相対的なもので、あらゆる会社に共通の画一的基準を提供するものではない。すなわち、個別具体的に、会社の規模、業種をはじめ、取引の種類やその相手方等、さらには本判決が示した基準を総合して、判断するほかない。仮に数億円の取引であっても、大規模会社であるか、小規模会社であるかにより結論が異なるであろうし、また同じ取引でも、その取引を営業の通常の過程でしているのであれば、重要でないと評価されるが、そうでなければ重要な財産の処分ということになる場合があろう。

さらには、取引の相手方との関係（子会社か、関連会社か等）も考慮の対象となるであろう。そして、取締役会の決議事項であるか否かは、これらの基準によって客観的に決定され、客観的にみて決議事項にあてはまるのに、取締役会の決議を経ずに取引をした場合は、その取締役は法令違反の責任を問われる（前田庸・会社法入門［第七版］三三九頁）。なお、この責任追及に関しては、重要性の立証責任は責任を追及する側にあり、重要か否かの判断がつかないときは、責任追及は不可能なのであるから、重要かどうかの判断は常識的な判断で十分であり、これについてあまり神経質になる必要はない（阪埜光男・株式会社法概説一九七頁）との指摘もあるが、本件では常識的な判断基準それ自体が問題となっている。

そこで、多くの会社では、取締役会規則もしくは取締役会決議によって、取締役会に付する基準を定めており（後掲・別冊商事法務九〇号三〇頁）、その基準が適切なものであれば、それに従って行動さえすれば、取締役が法令違反の責任を問われるのは例外的なことであろう。ただし、客観的にみて取締役会で決すべき事項であるのに、取締役会に付さなかった場合には、それが取締役会規則で付議事項とされていなかったものであっても、法令違反の責任を問われる可能性はあろう。そういう意味で取締役会で決すべき事項かどうかを客観的に決定する基準は、できるだけ明らかにしておく必要がある。本判決は、そのための判断基準を比較的詳細に示した点で、意義がある。

なお、譲渡財産の重要性基準について、資本金別会社の規模と基準額との関係は、実態調査をもとにしてみても千差万別（岸田雅雄・ゼミナール会社法入門〔第三版〕二〇一頁）であり、この傾向は、株券、有価証券の譲渡基準の調査についても同様（後掲・別冊商事法務九〇号五一頁）

で、本件の解決にとってはあまり参考となりそうにない。したがって価格で割り切ることは、いずれにせよ困難であり、判旨にもあるように、総合評価するほかあるまい。これを判断する際には、同じく取締役会の決議事項とされる多額の借財以下、商法二六〇条二項各号に定める事項の重要性の程度との関連で、その基準を考えるべきであろう。

3　取締役会の決議がないにもかかわらず、代表取締役が会社を代表して行為をした場合の効力については、個別の検討を要する。本件のような重要な財産の処分については無効であるが、その無効は善意の第三者に対抗できないものとする有力な見解（神崎克郎・商法Ⅱ（会社法）〔第三版〕二八〇頁）がある。商法二六〇条二項は、代表取締役の専断的行為を防止するために、取締役会の権限事項を明らかにしているのであって、これは代表取締役の代表権に対する法律上の制限とも解され、単なる内部的制限とは異なる。したがって同条での取締役会の決議は、取引の有効要件とみることもできる。

これに対して、心裡留保を定める民法九三条を類推し、原則として有効であるが、相手方（第三者）が右決議を経ていないことを知り、または知りうべかりしとき（悪意または過失）は無効であるとするのが、判例の立場である（最判（三小）昭和四〇・九・二二民集一九巻六号一六五六頁）。これによると、相手方に過失がある場合にはその効力が否定され、相手方の保護に欠けることなり、また、そもそも理論的に心裡留保に該当するのかどうかについても疑問が出されている。

そこで、右二説のほかに、この問題を代表権の制限に関する規定（商二六一条三項・七八条二項、民五四条）を適用することによって、過失の有無を問わず、解決しようとする見解（前田・前掲書三四七頁）も有力に主張されている。

〔参考文献〕

本件解説として、

① 中東正文・会社判例百選（第六版）八六頁

② 長谷川新・立教法学四四号二二二頁

本件に関して、

③ 堀口亘・新版注釈会社法(6)一〇二頁

④ 東京弁護士会会社法部編『取締役会決議事項の判断基準』別冊商事法務九〇号三〇頁

第5章　競業禁止契約と総会決議

一　競業禁止契約と商法二四五条の類推

営業譲渡に該当しなければ、総会決議を要求する商法二四五条の適用は問題とならないはずであるが、競業禁止（避止）契約に商法二四五条一項一号を類推適用して株主総会決議を要するとした事例（東京地判昭六二・七・三一判時一二六四号一二三頁、判タ六六四号二〇二頁）がある。判決要旨は、次の通りである。すなわち、すでに廃止した営業に関する権利ないし地位の譲渡が商法二四五条一項一号にいう「営業の重要な一部」の譲渡にあたらない場合であっても、当該譲渡契約において競業禁止を特約することは実質的にみて営業譲渡と異ならず、これについては右規定を類推適用して株主総会の特別決議を必要とする、とした。

営業を完全に廃止して長期間放置されれば、営業の譲渡は成立しないと解されるが、休止中であれば、営業の譲渡と認められる余地がある。競業避止義務が問題となるのであれば、それは営業の存在が認定できる事例ではないか。本件判決は、営業が存続していると認定できなくても、競業禁止特約をもって営業譲渡と実質判断した。

二　具体的事実の概要

Y株式会社（被告）は、昭和四〇年に語学の総合サービス業を目的として設立され、現在の資本金は三、〇〇〇万円である。昭和四九年四月末当時のY会社は、国際会議部（国際会議関連の通訳、翻訳制作業務、国際会議の設営、運営および管理の業務ならびに日英同時通訳の養成業務）、国際事業部（国際会議に関連しない通訳、翻訳制作業務およびホテルにおける秘書関連業務）および役員室から構成されていた。そして同年五月一日に、Y会社の機構の再編成が行われ、国際会議部に国際事業部が吸収され、新たに「教育事業部」が設置された。その結果、国際会議部の業務は、通訳、翻訳制作業務の一切および国際会議関連業務ならびにホテルのカウンターにおける秘書業務となった。ところが翌五〇年一二月二七日、この国際会議部（Y会社の中核的業務部門）は解散されることとなり、職員も解雇された。

翌五一年二月二七日、右の解散当時Y会社の国際会議部長であったAは、Y会社と契約を締結し、Aは新会社を設立して、Y会社が国際会議部で行っていた業務を引継ぐこととなった。

その契約内容の骨子は、①Y会社は、その関係していた業者団体のメンバーの権利、旧国際会議部の業務を推進する権利および関係全スタッフリスト、これらをAに譲渡する。②Y会社は右譲渡後AまたはAの設立する新会社の行うコンベンション関連業務を行わない。そして、③この譲渡対価は二〇〇万円とする、というものである。

その後、X株式会社（原告）が設立され、Aがその代表者となり、X会社はAから、前記のAとY会社との間の契約による権利義務を承継した。ところが、Y会社は、その後も国際会議関連業務および通訳、翻訳業務を続けていた。そこで、X会社はY会社に対し、右の業務の差止を求めて訴えを提起した。これが本件である。Y会社は、これに対して、①本件契約における競業避止の約定の趣旨につき争うとともに、抗弁として、②本件契約による権利の譲渡は、Y会社の国際会議部の営業の譲渡であり、商法二四五条一項一号の営業の重要な一部の譲渡にあたるが、これに関してY会社の株主総会の特別決議を経ていないので無

二　具体的事実の概要

効であり、ゆえに右の権利の譲渡が有効であることを前提とする「競業禁止契約」も無効であると主張し、さらに、③この競業禁止契約は、競業避止の期間および地域についてなんら限定を加えておらず、Y会社の営業の自由を拘束することが甚だしいので、公序良俗に反し無効である、と主張した。

三　裁判所の判断

「商法第二四五条第一項第一号によりその譲渡につき株主総会の特別決議を必要とする『営業の重要な一部』とは、一定の営業目的のために組織化され、有機的一体として機能する財産（得意先関係等の経済的価値ある事実関係を含む。）の重要な一部を意味すると解すべきである。

これを本件についてみるに、……Y会社の国際会議部で行っていた国際会議関連の業務及び通訳、翻訳制作業務は、機械等の工作物や不動産等を有機的に結合させ、これを活用して業務を行うというものだけではなく、全くの人的サービス業務であり、受注した仕事を職員が通訳等外部の専門的スタッフを活用して遂行していくものであり、営業用財産として格別に重要なものはなく、いわば人そのものが客観的意義の営業を構成していたものであることを認めることができる。ところが、……Y会社は、昭和五〇年一二月二七日をもって国際会議部を廃止し、職員も全員解雇したものであるから、本件契約締結の時点では、国際会議部の営業そのものは廃止されていたものということができる。

なお、本件契約第一条には、譲渡の対象として業者団体のメンバーの権利やスタッフリストのほか『旧国際会議部の全業務推進の権利』(四項)とあり、この文言からすると、あたかもY会社の国際会議部の営業がそのままX会社に引き継がれたかの如く見え、……Aの意識としてはそのようなものであったと認められるが、この文言自体甚だ不明確であり、本件全証拠によるも、これに基づいて実際に何がX会社に移転されたのかは明らかとはならず、この条項は、Y会社の国際会議部の営業が存在し、これがX会社に譲渡されたとする根拠にはなり得ないといわざるを得ない。

以上のとおり、本件契約はY会社の営業の重要な一部の譲渡に当たらないといわざるを得ず、これを前提とするY会社の主張は直ちには肯認することができない。

しかし、翻って考えるに、商法二四五条一項一号が会社の営業の重要な一部を譲渡するについて株主総会の特別決議を要求しているのは、かかる行為によって事実上当該営業を行うことができなくなるのみならず、法律上も一定の地域及び期間内において競業避止義務を負

三　裁判所の判断

い、将来当該営業を行うことができなくなるため、会社の利益、つまりは当該営業のために出資をした株主の利益に大きな影響を及ぼすからである。

そのことからすると、会社がある営業を廃止し、それに引続いて行なわれたその営業に関する権利又は地位の譲渡が厳格な意味では商法二四五条一項一号所定の会社の営業の重要な一部の譲渡といえない場合であっても、右の譲渡にあわせて、地域的及び時間的な制限も設けず右営業について競業避止義務を負う旨を約することは、実質的には営業の重要な一部の譲渡が行われたのと何ら異なることはないのであるから、右のような場合においてこのような競業避止契約を締結するについては、商法二四五条一項一号の類推適用により、株主総会の特別決議が必要とされると解するのが相当である。

そして、……Y会社が国際会議部を解散する直前の営業年度である昭和四九年一一月一日から昭和五〇年一〇月三一日までの国際会議部の損益計算の結果は、収入が金六、八五二万七、五七八円（なお、全営業収入は、金一億一、三二五万一、三四二円である）、経費は金七、〇八五万五、二五三円であり、一般管理費を控除しなくても赤字であったことが認められるが、一方、これにより、国際会議部の収入は、Y会社の全営業収入の過半を占めていたこと、したがってまた、国際会議部の業務は、Y会社の業務の中核を占めていたことを認めることができる。したがって、Y会社の国際会議部の営業は、Y会社の営業の重要な一部に該当すると認めることができ、このような営業の廃止に引続き、何ら株主総会の決議なくして（なお、取締役会の決議もされていない）締結された右と同一の営業についての本件競業避止契約は無効であるというべきである。

仮に、本件競業禁止契約につき商法二四五条一項一号の類推適用が認められないとしても、私人間において一方の当事者が他方の当事者に対して競業をしない旨を約することは、契約自由の原則上差し支えないことはいうまでもないが、競業を避止すべき期間及び地域を限定しない絶対的な競業禁止契約は、義務者にそのような営業の制限を課すことについて合理性を首肯できる特段の事情のない限り、私人の営業の自由に対する過度の制限となり、公の秩序又は善良の風俗に反して無効となると解すべきである。」

四　問題点の検討

1　本件は、競業避止契約に商法二四五条一項一号を類推したり、あるいは競業避止契約の公序良俗違反を理由としたりするまでもなく、「営業の重要な一部」の譲渡があったと認めて解決できる事案ではなかろうか。しかも、営業譲渡の意義をめぐる考え方のいずれにたとうとも、同じ結論に至るように思う。加えて、その結論の妥当性についても、本件事案の具体的事情に照らして、おそらく妥当であるといえよう。

本件については、事実関係につき譲渡当事者をどのように認めるべきか、あるいは具体的に何が譲渡されたのかなど、多少の不明確な点もあるが、筆者の結論を先に示せば右のとおりである。本件に関して筆者が参照できた評釈も、結論では一致して本件判決を支持するが、理由づけについては、いずれも本件判決に反対ないし疑問を示している。(1) これらを参考に、筆者なりに考えるところを以下に述べたい。

2　本件の営業は、果して廃業状態であったのか。活動中、休止中、そして廃業の区別はいかにして判断されるべきか。これは、きわめて困難な問題であり、単なる抽象論では解決にはならない。とりわけ、休止中と廃業の区別が重要な意味をもつ。営業再開の可能性が客観的にみて明らかであれば、それは休止中ということができようが、その判断基準が問題である。休業期間を含めた総合判断によるほかない。このことは、活動中と休止中の区別にもあてはまる。廃業状態であれば、株主総会の決議は不要であるという点では、大方の一致するところであるが、(2) その判断が必ずしも容易でないことは、本件事案に対する評価の違いにあらわれている。

判旨は、本件契約締結の時点では、国際会議部の営業そのものは廃止されていたものと認定しているが、この認定自体に筆者は疑問をもつ。すなわち、いわゆる「廃止」から本件契約までの期間が数ヶ月という短期間しか経っていないことに加えて、本件契約後もY会社は、国際会議部を存続させて、国際会議関連業務その他を継続していたことに注目しなければならない。このことは、廃業を否定し、むしろ休業中ないし活動中を認定する材料となるのではなかろうか。仮に譲渡対象が廃業に近いものであっても、本件は営業全部が譲渡の対象となってはおらず、会社自体は存続しているわけであり、株主保護の必要性はいまだ消滅していないというべきではないか。これらを判断材料とすれば、本件は少なくとも廃業状態ではないと思われる。廃業状態というのは、休業が長期化して、もはや客観的に営業再開が不可能な事態に立ち至った状態をさすもので、株主保護の要請が消滅している場合をいうものと思う(3)。あるいは、これを破綻状況にある場合(債務超過)ということもできよう(4)。会社解散後でも営業譲渡が成立し、それに総会決議を要する場合がある、との筆者の立場(これは通説でもある)からすれば(5)、本件はなおさら決議必要の方向へいくであろう。

これを実質的にみても、営業をやめれば直ちに「廃業」というのが、判例の意味するところであるとすれば、それは大いに問題である。仮にそうだとすると、とにかく営業をやめさえすれば総会のチェックなしに実質上営業譲渡ができるということとなり、商法二四五条一項一号が容易に潜脱されてしまうからである。これでは、譲渡会社の株主保護に欠けるといわざるをえない。判例の立場はこのような難点を含んでいる。廃業とか債務超過ないし破綻状態など、株主保護を要しない場合についてはいろいろな表現がなされるが、要するに商法二四五条一項一号の立法趣旨に照らして、そのような状態に至るまで放置した株主を保護する必要がないといえる状態を意味するにほかならない。この「状態」とは、単なる赤字では足りず、短期間の休業でも足りない。営業の全部が対象かそれともその一部であるかによっても、株主保護の判断におのずと違いが生じてこようと思う。ある程度のまとまりのある「生きた組織的営業財産」であるかどうか。これがひとつの判断基準となるが、生きているか否かの判断が廃業か否かにつながるわけで、これがまさに問題となる。本件は廃業に至っていないとして、それでは商法二四五条一項一号にいう「営業の重要な一部」にあたるのかどうかが、つぎに検討されなければならない。

3　何をもって商法二四五条一項一号の営業譲渡と認めるべきか。また、その重要な一部譲渡の具体的な判断基準はどうあるべきか。本件は量的には重要な一部にあたるということでは、ほぼ疑いはないであろう。[6] 譲渡の対象となった国際会議部は、Y会社の業務の中核を占めており、そこでの収入はY会社の全営業収入の過半に達していた。重要な一部の判断基準を割合で示す試みもなされているが、本件は五割を超えているようである。本件判旨も、Y会社の国際会議部の営業は、Y会社の営業の重要な一部に該当すると認めている。ただ、これがそのまま譲渡されたのでなく、営業が廃止された後の譲渡であると認定されたから、本件判旨は営業譲渡と正面から認めなかったわけである。営業継続中の譲渡と認められたのであれば、割合の上では重要な一部であると認定されるケースである。

問題は、営業譲渡の意義である。[7] 本件判決の考え方は、この問題のリーディングケースとされる最高裁四〇年判決（最大判昭四〇・九・二二民集一九巻六号一六〇〇頁）の多数意見と同様の立場であるが、これは大いに議論がある。そのいずれの立場にたつかは、本件の解決にさしたる影響もないように思うが、筆者は本件判決と立場を異にするので、これをめぐって簡単に言及しておきたい。右多数意見は、要するに、商法二四五条一項一号にいう営業譲渡とは、一定の営業目的のために組織化され有機的一体として機能する財産を譲渡し、これによって譲渡会社がその財産で営んでいた営業目的活動を譲受人に承継させ、譲渡会社がその譲渡の限度で競業避止義務を負う結果を伴うものをいう、と解している。つまり、要件のポイントは営業的活動の承継と競業避止義務負担の二点である。本件は、前者はなかったが後者があったと認めたため、ストレートに営業譲渡を認定できないものの、類推というテクニックで解決しようとしたわけである。この様なテクニックを用いてまで実質的に営業譲渡があったと認めざるをえなかったのはどうしてか。右の二つの要件に問題があったのではなかろうか。

そこで学説上右の二つの要件を排除しようと考えるのが、今日の多数説となっている(8)。つまり、有機的一体として機能する組織的財産の譲渡でありさえすれば足りるというわけである。そのような財産が譲渡される限り、譲受人側において営業的活動の承継があるかどうか、また譲渡会社に競業避止義務負担があるか否かなどを問わずに、営業譲渡があるものとする(9)。この考え方のポイントは、商法二四五条一項一号の趣旨は譲渡会社の株主保護にあるということを強調し、その保護を十分に確保しようとするところにある。一定の組織化された財産が譲渡されれば、譲受人がそれをどのように用いようと、譲渡会社の運命に重大な影響が生じる。また、譲渡会社が競業避止義務を負わなくても、事実上譲渡の結果、営業が従来どおりにはできなくなるという意味で、同様に会社の運命にとって影響は重大である。これを直視して、営業譲渡の概念を検討する方向が妥当であるように思う(10)。

それでは、本件は営業譲渡の意義をめぐる考え方の対立が結論を左右するケースであったのか。筆者の立場によればもちろんのこと、仮に最高裁多数意見の立場にたっても、本件事案は営業譲渡が認定できたように推測される。本件判決も認めるように、結論的に総会決議が必要であるということは、いずれにせよ株主保護を要する事案であったということを意味する。そうであれば、それを正面から実現できるように営業譲渡の意義を考えるべきではなかろうか。商法二四五条一項一号の類推は、これを極力避けるべきであろう。株式会社が営業を譲渡するためには総会決議が必要であるが、それはいかなる株主の利益を保護するためのものか。この営業譲渡規制の趣旨から出発して、営業譲渡の意味を考えてみることが求められているように思う。

本件事案によれば、譲渡の対象は機械設備・土地・建物といった有形財産ではなくて、無形のものが中心となっている。したがって、これを営業譲渡の対象たる「組織的財産」といえるのかが議論となりうる。製造会社などであれば有形財産が中心となるであろうから、比較的組織性が認定しやすいかもしれないが、本件は有形財産が重きをなさない業種のケースであるので、このような疑問が生じてくる。これも、商法二四五条一項一号の趣旨によって解決できる問題で、積極に解しうると思う。すなわち、譲渡会社において営業の継続ができなくなるような財産が譲渡された場合でありさえすれば、有形財産の譲渡がなくても組織的財産の譲渡と認めることができる。そうでなければ、無形の財産を重んじる通信社や出版社のごとき業種の場合に、机や若干の備品の譲渡が営業譲渡となってしまい、不当な結果を招く。譲渡の結果、事実上にせよ従来どおりの営業ができなくなり、会社の存続に重大な影響を及ぼすような財産の譲渡こそ、株主保護の問題を生じるわけである。営業譲渡は単なる有形物の譲渡ではない。

本件の契約内容によると、業者団体のメンバーの権利、旧国際会議の業務を推進する権利、さらに関係全スタッフリストなどを譲渡の対象としており、Y会社は譲渡後には同種営業を行わないことを約束している。これは、有機的一体として機能する組織的財産であるといいうるように思う。いわば人的財産という無形のものが、まとまって譲渡対象となっている。

4　本件営業譲渡が無効であるとした場合に、無効の主張は無制限に許されてよいか。これは取引安全に関する問題である。本件の譲受人の主観的事情はどうであったのか。また、このようなことを問題とする当否についても議論はありうるであろう。近時の有力説は、ここでの無効の意味を絶対的なものとは解さない方向にあり(11)、筆者も現在ではそのように考えている(12)。

本件では、結論的には譲受人の悪意（重過失）が推定できるのではなかろうか。譲受人たるX会社の代表者Aは、譲渡人たるY会社のかつての関係者であり、Y会社の内部事情に詳しいはずである。しかも、Aは単なる財産の譲受けという意思ではなく、判決文にもあるように、営業譲渡であるとの認識がある。仮に悪意でないとしても、総会決議の有無を確認しないことにつき重大な過失があったというべきである。したがって、本件では取引安全の保護は問題となりえず、Y会社が無効を主張するという結論はおそらく妥当といえよう。ともかくも取引安全の問題は、最高裁の多数意見の立場によっても、必ずしも十分には解決できない難問に違いはない。絶対的無効では不当な結果となるケースとしては、いろいろなタイプのものが予想される。本件の譲受人が、仮に善意かつ無重過失であれば、取引安全が正面から検討の対象となりうる。

なお最後に、本件が仮に営業譲渡ではないとした場合に、本件競業禁止契約について、商法二四五条一項一号を類推できるか。さらに、これに公序良俗違反を問いうるかどうかにつき、簡単にふれておきたい。商法二五条に定めのある競業避止義務の法的性質をどのように解するかにかかわらず、右の類推適用は消極に考えたい。株主総会の特別決議を要件とする場面は限定されており、安易に類推は認めるべきではなかろう。本件に関しては、いずれにせよ類推の必要はない。

また、公序良俗違反の問題であるが、これには判例上の対立もあるようである（名古屋地判昭五四・一二・九判タ三九二号一六二頁）。加えて、本件契約は、絶対的な競業禁止契約といえるかどうかにつき、疑問の余地もある。公序良俗に反するか否かの判断も、かなり慎重になすことが求められよう。本件についてはこの点はいずれとも断定しかねる。

（1）本件評釈として、丸山秀平・金融・商事判例七九五号四一頁（一九八八年）、渋川孝夫・判タ六七五号一七頁以下（一九八八年）参照。

（2）ただし、休業中でも営業譲渡でないという立場（宮島司・企業結合法の論理二三八頁以下〔弘文堂、一九八九年〕）もあるが、論者のいう「休業」は廃業に近いものであるのかも知れない。短期間の休止でも営業譲渡ではないという趣旨であるとすれば、これは問題ではなかろうか。

（3）山下眞弘「株式会社法上の営業譲渡に関する一考察⑵完」関西大学法学論集二五巻三号二〇三頁注９（一九七五年）参照（同・会社営業譲渡の法理（信山社、一九九七年）所収）。

（4）遠藤美光「財政破綻にある株式会社の営業譲渡⑵完―総会決議の必要性とその限界に関する一考察」上智法学論集二三巻二号一九八頁（一九八〇年）参照。

（5）山下眞弘「会社解散後における営業の譲渡担保」民事特別法の諸問題所収九八頁以下（第

一法規、一九八〇年）参照。

(6)　重要な一部か否かの判断は、単に量的な尺度のみではかることはできない。質と量の両面から判断する必要があることは、いうまでもない。割合でもってそれを示すものもあり、一割で足りるとの考えから三割は必要との主張までさまざまである。立法でその割合を明記すべしとの議論もありうるが、それには問題も予想されるところである。これらについては、河本一郎ほか「会社の営業譲渡・譲受の実務―『営業の重要なる一部』の判断と実務手続」別冊商事法務四三号六六頁以下（一九七九年）、豊泉貫太郎「『営業譲渡』、『営業の重要なる一部』の判断基準等について」新訂第二版営業譲渡・譲受ハンドブック所収二四頁以下（商事法務研究会、一九九九年）、山下眞弘「機関改正試案と営業譲渡・譲受規制について」商事法務八三九号一四頁（一九七九年）、同「株式会社における営業の重要なる一部譲渡」島大法学二二巻一号三七頁（一九七八年）、同「営業の重要なる一部譲渡の具体的検討」島大法学二四巻一号六一頁以下（一九八〇年）など参照。

(7)　営業譲渡の意義について議論を整理した最近のものとして、神崎克郎・営業譲渡・譲受ハンドブック所収（注6引用の文献）二頁以下が有益である。なお、現在でも最高裁多数意見の立場を支持する有力説として、上柳克郎「営業譲渡」会社法演習Ⅱ八〇頁以下（一九八三年）が説得的である。

(8)　学説状況については、落合誠一・新版注釈会社法(5)二六三頁以下（一九八六年）が詳しい。

(9)　山下眞弘「株式会社の営業譲渡・譲受規制の再検討」私法四二号一九六頁以下（一九八〇年）を参照されたい。
(10)　有機的一体性基準を柱としながら、単一の基準で割り切ることに問題を提起する有力説がある（龍田節「営業譲渡と株主総会決議(2)完」京都大学法学論叢一〇五巻三号〔一九七九年〕一四頁）。確かに、有機的一体として機能する組織的財産の判断基準は、一つの基準で明示できるほど単純なものではない。これに関して、具体的実証的研究の必要を説くものとして、田村諄之輔「営業譲渡と株主総会決議」鴻常夫先生還暦記念・八〇年代商事法の諸相五四六頁以下（一九八五年）参照。
(11)　鈴木竹雄「株式会社法と取引の安全」商事研究Ⅱ五五頁以下（一九七一年）、竹内昭夫「重要財産の譲渡と特別決議」会社判例百選〔第四版〕六二頁（一九八三年）参照。
(12)　山下眞弘「会社営業譲渡・譲受における無効主張の制限」判タ六五二号八〇頁以下（一九八八年）、同「譲渡人による営業譲渡の無効主張と信義則」島大法学三一巻一号九一頁以下（一九八七年）を参照されたい。

第6章　理髪業の譲渡と競業避止義務

一　理髪業は場屋取引か

理髪業は商行為に該当するか。その行為が商法の場屋取引に当たれば、それを業とする者は商人となり、その営業を譲渡する譲渡人は、商法上の競業避止義務を負うこととなる。これについて、理髪業の商行為性を否定した古い判例がある（大判昭一二・一一・二六民集一六巻一六八一頁）。この結論は支持されないが、以下にみるように興味深い問題を提供してくれる。

二　具体的事実の概要

上告人Y（控訴人・被告）は、二〇年来理髪業を営んできたが、昭和八年六月五日同営業を被上告人X（被控訴人・原告）に譲渡することとし、右理髪の老舗および理髪用什器一切を一括して代金五九〇円で譲り渡し、譲受人Xは同所において理髪業を継続していた。ところが、譲渡人Yは、同年一二月下旬よりXと同じ町において新たに理髪業をはじめたため、Xと競業するようになった。そこでXはYに対し旧商法二二条及び旧二三条（いずれも現二五条）にもとづき競業禁止と損害賠償を求めて、本訴を提起した。

原審において、Yが、理髪業は商法にいう営業ではないと主張したのに対し、理髪行為は商法二六四条七号（現五〇二条七号）の規定する客の来集を目的とする場屋取引であり、理髪業を営業の一種となすことを妨げないとして、Yの主張が斥けられた。そこで、Yは同じ内容の主張をもって上告。本判決は、Yの主張を認め原判決を破棄差戻。

三　大審院の判断

「商法第二六四条第七号（現五〇二条七号）ニ所謂場屋ノ取引トハ客ヲシテ一定ノ設備ヲ利用セシメルコトヲ目的トスル取引ヲ指称スルモノナルトコロ理髪業ト客トノ間ニ唯理髪ナル請負若クハ労務ニ関スル契約存スルニ止リ所謂設備ノ利用ヲ目的トスル契約存スルコトナキニ因リ之ヲ目シテ右場屋ノ取引ト做スハ当ラス……理髪業者ノ為ス営業的設備ハ理髪ノ為ノ設備タルニ止リ客ヲシテ之ヲ利用セシメル為ノ設備ニ非サルニ因リ其ノ営業的設備アルノ故ヲ以テ理髪業カ場屋ノ取引ヲ業トスルモノト為ルコトナシ従テ理髪業ヲ譲渡シタル場合ニ於テハ当事者間ニ於テハ当事者間ニ競業避止ノ特約アル場合ハ格別然ラサル限リ商法二二一条（現二二五条）第二三三条（現二五条）ニ依リ譲渡人ニ競業避止ノ義務アリト為スコト能ハサルモノト断ス」

四　事件の問題点の解説

1　本件は、理髪業が商行為にあたるか否かが争われた最初の判例である。理髪行為が商法五〇二条七号の場屋取引に該当すれば、それを業とする者は商人となって、その譲渡に商法二五条の適用があることとなり、したがって譲渡人は競業避止義務を負う。この原告の主張に対し、本件判決は原審を破棄して、本件は設備の利用を目的とする契約がないことを理由に、場屋の取引とは認定しなかった。

本件評釈〔後掲参考文献〕および大多数の学説は、本判決に批判的であり、現在の理髪業のイメージからすれば、なおさらこの批判は当然ともいえる（ただし、本件はきわめて小規模なもの）。客の保護と理髪業者の信用維持という点からも理髪業は商法の対象とすべき理由があり、本件についてもこれを場屋取引に入れるのが妥当であるといえよう。したがって理髪業を場屋取引と認めなかった本判決の結論自体は支持を得ていないが、理論的な面で場屋取引をめぐる興味深い問題を提起している点で、本判決は今日においてもなおその意義を失っていない。

2　どのような営業が具体的に場屋営業にあたるか。場屋営業者に特別の責任を負わせる商法五九四条は、その例示として、旅店、飲食店、浴場を挙げるにとどまっている。判例では、待合茶屋（大判大八・九・二五民録二五輯一七一五頁）、芝居茶屋（大判明三二・一〇・二〇刑録五輯九巻五二頁）、貸座敷（大判大八・四・二六民録二五輯六三二頁）、玉突クラブ（大判大一四・九・一八刑集四巻九号五三三頁）、料理屋（大判昭一〇・一二・一・五法学五巻四号一三二頁）などがみられる。

学説においては、場屋取引の把握の仕方には二通りあり、従来の多数説は、客の設備利用の面を重視して、公衆の来集に適する物的・人的設備を設け、客にこれを利用させる行為が場屋取引であるとしてきた。本判決も同様の立場をとっている。これに対して、最近の有力説は、客自身による設備利用を重視しないで、公衆の来集に適する設備をなして、来集する客の需要に応じる行為が場屋取引である（大隅・商法総則［新版］一〇六頁、神崎・商行為法Ⅰ二一頁など）と解し、このような考え方が増加の傾向にある。いずれにせよ、設備利用を重視する立場にあっても、設備利用の意味の理解のいかんによっては、右両説の差異は実際上ほとんど解消してしまう。必ずしもこれを客による能動的な設備利用行為と解さなくても、客観的に設備の利用が認められることで足りるともいえる。したがって、右の二つの学説の対立は、決定的に結論を左右するものではない。現に、本件事案については、ほとんどの論者の評価が一致している。ただ理論的な面からは、設備利用をあまりに強調するのは、場屋取引の全容を示すものとしては妥当といえない。場屋取引とされているのものは、そのすべてが設備利用を主たる目的としているとはかぎらない。例えば、コンサート・ホールや劇場の類が、場屋営業の具体例として一般に挙げられていることを想起すべきである。このように場屋営業を定義づけるのが困難であるのは、それが基本取引行為それ自体に関する概念ではないからである。

3　理髪業はどうみるべきか。本判決は、理髪業者と客との間には、理髪という請負もしくは労務に関する契約があるにすぎないことを理由に、理髪業を場屋取引ではないとしている。しかし、これに対しては、設備利用を強調することへの批判だけでなく、取引行為のみを抽象的に取り出してその性質を吟味すべきではなく、契約の履行のためには客の来店が期待され、そこに特殊の物的人的設備がなされているが否かが、場屋取引の有無を決する（西原・商行為法八二頁）とか、あるいは、理髪が請負ないし労務の提供であることと、理髪業が場屋営業であることは両立し、両者は排他的でない（鴻・商法総則〔新訂第五版〕九六頁）との指摘があり、いずれも傾聴に値する。また、本判決は従来の多数説と同じく場屋取引は設備利用を目的とする取引と定義しているが、これに対しては、劇場あるいは音楽会の例を挙げて、設備の利用は手段で、その目的は対価をえて演芸や音楽を鑑賞させる劇場などの経営も、本判決のようなことをいえば場屋取引ではないということになりかねない（伊沢・法学七巻八号一三六頁、大隅・後掲論叢一九八頁、小町谷・後掲八七頁）などとする批判があたる。

このように、本判決の理論構成とその結論のいずれに対してもほとんどの学説が批判的であるが、この判決の理由についてのみ賛成の立場（田中誠・商法総則詳論一七八頁）もある。すなわち、客の来集というためには相当数の客が来集することを前提とするので、理髪業は場屋取引にあたらないとした上で、理髪行為は他人のためにする加工行為（商五〇二条二号）として、これを営業的商行為に属するものとし、右の立場は本判決の結論には反対している。加工は物に対する加工を意味するものと一般に解されており、通説は加工とする立場をとっていない。これに関して、理髪業を理髪なる仕事の請負（五号）と解する余地を認めた上で、他面では、これには場屋取引的要素のあることも否定されないとし、結局、理髪店での取引は飲食店でのそれと形態的に類似していることを理由に、いずれも場屋取引と解するのが妥当であろう（服部・商法総則〔第二版〕四六四頁）とする立場がある。

理髪行為を場屋取引と認めなくても、これを加工もしくは請負と解することで、商法の対象とする余地はあろう。しかし、そのいずれにも批判があるばかりでなく、理髪業を場屋営業と認めないと、場屋主人の責任規定が適用されないという難点も無視できない（後掲、大隅・小町谷・豊崎)。理髪店には大なり小なり不特定多数の人が出入りし、時間の長短はあっても一定限そこに滞留することが予定されており、その間に客の所持品について盗難・紛失などの事故が生じる危険がある。客の保護と理髪業者の信用の維持の上でも、理髪業を場屋営業と認める意義がある。さらに、本件事案を具体的にみてみると、譲渡人は理髪業を譲渡しておきながら、半年後には同じ町内で再び理髪業を始めたわけで、このような行為は信義則に照らして容認されないであろう。したがって、本件は営業譲渡人に競業避止義務を負わせるべきケースであり、いずれにせよ商法二五条が適用されるべきである。

4　競業避止義務は営業譲渡の効果として認められる。本件における理髪の老舗および理髪用什器一切の譲渡は、営業譲渡の意義をどのように解するにせよ、これを営業譲渡と認定することに問題はないといえよう。原審は営業の同一性を失わないかぎり、営業用財産の一切が移転される必要はないとして、本件の営業譲渡を肯定している(民集一六巻一六八九頁参照)。本件では、譲受人は営業を継続しており、それを構成する財産のすべてが移転されなくても、営業の同一性が認められる。

営業譲渡人の競業避止義務を定める商法二五条は、その拡大解釈には慎重さが求められる。競業避止義務を営業譲渡の当然の効果とみるか、それとも法定義務と解するかはともかく、長期間にわたり営業の自由を制限することはきわめて例外的なことだからである。二五条は、商人がその営業を譲渡した場合にのみ適用される（後掲、大隅、小町谷）。

なお、営業的商行為を定める商法五〇二条について、本判決および通説は、これを制限的列挙と解してきた。この問題は、理髪業が商行為を業とする者か否かを決めることに影響を及ぼしかねないが、これに対し、例示的列挙と解することで弾力的に対応しようとする立場（小町谷・後掲八五頁）もある。ただ、これをかりに制限的に解しても、通説は理髪業の商行為性を肯定しており、右の対立は決定的に本件の結論を左右するものではない。

［参考文献］

本判決の解説・評釈として

① 原茂太一・商法（総則・商行為）判例百選（第二版）五四頁
② 平野充好・セミナー法学全集6商法Ⅰ総則・商行為一三四頁
③ 大隅健一郎・法学論叢三八巻五号一九五頁（商事法務判例研究⑵昭和一二年度一九〇頁）
④ 小町谷操三・法学七巻五号八三頁
⑤ 竹田省・民商法雑誌七巻五号七一頁
⑥ 豊崎光衛・法学協会雑誌五六巻五号一四七頁（判例民事法昭和一二年度四四四頁）

第7章　違法な営業譲渡契約と無効の主張

一　商法二四五条違反と譲受人による無効主張

商法二四五条違反の効果については、無効と解されているが、現時、これを絶対的無効とする見解は影を潜め、相対的に解されている。問題は、営業の譲渡会社において総会決議がなかったことをもって、譲受人が無効を主張することができるかである。これに関して、最高裁は信義則を理由に、このような譲受人による無効の主張を許さないと判示した（最判（一小）昭六一・九・一一判時一二一五号一二五頁、判タ六二四号一二七頁、金判七五八号三頁、金法一一四三号八二頁）。

しかし、信義則違反による解決は、その認定が必ずしも容易でないことが問題である。それだけではない。そもそも、このような譲受人の無効主張が正当なのであろうか。これが否定されるのであれば、むしろ無効の主張そのものを認めるべきでない。これが、片面的無効、一方的無効あるいは取消的無効と呼ばれる無効の概念の検討である。以下において、この最高裁判例を検討する。

二　具体的事実の概要

X会社（原告・被控訴人・被上告人）は、三つの工場を有する株式会社であったところ、そのうちの一つの工場に属する一切の営業を、Y会社（被告・控訴人・上告人）の設立前発起人代表Aに譲渡した。X会社は右譲渡につき株主総会の特別決議を経ていなかったが、それは法の不知によるもので、右手続は容易に実現しうる状況にあった。

Y会社はその後代表取締役をAとする株式会社として設立され、右営業を承継したが、その原始定款には商法一六八条一項六号所定の事項の記載がなかった。しかし、それはAの法の不知によるものであって、反対者が存在したなど特別の障害があったわけではない。

Y会社は、その営業を継続し、右営業譲渡についてX会社に対し苦情をのべたこともなかった。右譲渡代金はその一部が支払われ、X会社とY会社間で残代金額の確認、支払の猶予などの合意がなされたが、Y会社は、その後営業が思わしくなく、営業活動を事実上停止するに至った。

X会社はY会社に対し、残代金の支払を求める訴を提起。Y会社は、本件第一審において初めて商法一六八条一項六号違反による無効を主張し、さらに、本件第二審において、初めてX会社が営業譲渡契約をするにあたり総会特別決議を経ていないことを理由とする商法二四五条一項一号違反の無効を主張した。なお、これまで、X会社およびY会社ともその株主・債権者等の会社の利害関係人から右営業譲渡契約の無効が問題とされたことはなかった。一審・二審ともY会社の右主張を信義則違反とし、Y会社は上告。全員一致により上告棄却。

三　最高裁判所の判断

(1)　「本件営業譲渡契約は、商法一六八条一項六号の定める財産引受に当た」り、「Y会社の原始定款に同号所定の事項が記載されているのでなければ、無効であり、しかも、同条項が無効と定めるのは、広く株主・債権者等の会社の利害関係人の保護を目的とするものであるから、……何人との関係においても常に無効であって、設立後のＹ会社が追認したとしても、あるいはＹ会社が譲渡代金債務の一部を履行し、譲り受けた目的物について使用若しくは消費、収益、処分または権利の行使などしたとしても、これによって有効となりうるものではない」。「Ｙ会社は、特段の事情のない限り、右の無効をいつでも主張することができる」。

(2)　「本件営業譲渡契約が譲渡の目的としたものは、……商法二四五条一項一号にいう営業の『重要なる一部』に当たる」が、「本件営業譲渡契約については事前又は事後においても……株主総会による承認の手続をしていないというのであるから、これによっても、本件営業譲渡契約は無効である」。そして、この場合、「譲渡会社、譲渡会社の株主・債権者等の会社の利害関係人のほか、譲受会社もまた右の無効を主張することができる」。「けだし、譲渡会社ないしその利害関係人のみが右の無効を主張することができ、譲受会社がこれを主張することができないとすると、譲受会社は、譲渡会社ないしその利害関係人が無効を主張するまで営業譲渡を有効なものと扱うことを余儀なくされるなど著しく不安定な立場におかれることになるからである。したがって、譲受会社であるＹ会社は、特段の事情のない限り、本件営業譲渡契約について右の無効をいつでも主張することができる」。

(3)　「Ｘ会社は本件営業譲渡契約に基づく債務をすべて履行ずみであり、他方Ｙ会社は右の履行について苦情を申し出たことがなく、また、Y会社は、本件営業譲渡契約が有効であることを前提に、X会社に対し本件営業譲渡契約に基づく自己の債務を承認し、その履行として譲渡代金の一部を弁済し、かつ、譲り受けた製品・原材料等を販売又は消費し、しかも、Y会社は、原始定款に所定事項の記載がないことを理由とする無効事由については契約後約九年、株主総会の承認手続を経由していないことを理由とする無効事由については契約後約二〇年を経て、初めて主張するに至ったものであり、両会社の株主・債権者等の会社の利害関係人が右の理由に基づき本件営業譲渡契約が無効であるなどとして問題にしたことは全くなかった、というのであるから、Y会社が本件営業譲渡契約について商法一六八条一項六号又は二四五条一項一号の規定違反を理由にその無効を主張することは、法が本来予定したY会社又はX会社の株主・債権者等の利害関係人の利益を保護するという意図に基づいたものとは認められず、右違反に藉口して、専ら、既に遅滞に陥った本件営業譲渡契約に基づく自己の残債務の履行を拒むためのものであると認められ、信義則に反し許されないものといわなければならない。したがって、Y会社が本件営業譲渡契約について商法の右各規定の違反を理由として無効を主張することは、これを許さない特段の事情がある。」

四　本判決をめぐる学説判例の状況

1　本判決は、信義則違反を理由に無効の主張が許されない場合のあることを最高裁として認めた最初の事例であり、注目される。定款に記載のない財産引受および株主総会決議を経ていない営業譲渡のいずれについても、この判決は基本的に絶対的無効の立場に立ちながら、本件の場合については、信義則違反を理由に無効の主張が許されない特段の事情があるとした。

本件の事実関係をみれば、営業譲受人たるY会社は、自己への営業譲渡を有効なものと認識し、それを期待していたであろう。それが通常の当事者の意思である。Y会社が営業譲渡の効力を争い出したのは、その経営が行き詰まってからであり、契約関係を白紙に戻す手段として無効を主張しているものと認められる。そうだとすれば、Y会社の無効主張には、何ら正当性がないということになる。本件事案をこのように把握すると、Y会社の無効主張を認めなかった本判決の結論自体には異論はない。本件の評釈をみても、その点では一致している（上柳克郎・民商九六巻一号一二五頁、上村達男・判タ六四四号四九頁、宇田一明・ジュリ八三三号一一二頁〔原審〕、落合誠一・昭和六一年度重要判例解説九八頁、久保欣哉・判例評論三四一号四四頁、塚原朋一・ジュリ八七七号六七頁、中島史雄・ひろば四〇巻八号七六頁、東孝行・昭和六二年度主要民事判例解説二一八頁、丸山秀平・金判七六七号四二頁、山下眞弘・会社判例百選〔第六版〕一六頁など）。この結論をいかに導くべきか。本件をめぐる議論はそこに集中される。

2　本判決は、次の三点につき判示している。(1)定款に記載のない財産引受の効力（商一六八条一項六号違反）について、本判決は、最高裁昭和二八年一二月三日判決（民集七巻一二号一二九九頁）および同昭和四二年九月二六日判決（民集二一巻七号一八七〇頁）の立場を踏襲し、定款に記載のない財産引受は会社成立後に株主総会の特別決議でこれを追認しても有効にはならない、と判示した。追認の許否については、近時これを認める立場も少なくない（川又良也・会社判例百選〔第五版〕一九頁ほか）。会社が成立後に自己の判断で右の効果を受容することについて格別の問題がなければ、追認を認めてもよいのではなかろうか。これを肯定すれば、商法一六八条一項六号違反の瑕疵は治癒されたとみることもできる。これを実質的に見てもY会社とAは一体であり、本件はこれを積極に解すべき事案ということもできる。

本判決の判示(2)は、譲渡会社であるX会社において株主総会決議がなかったことによる営業譲渡契約の無効は、譲受人たるY会社もこれを主張することができるとして、法律行為の無効を確定的あるいは絶対的なものと見ている。本判決が、譲渡会社ないしその利害関係人のみが主張できるという意味での無効の概念を採用しないのは、そのような当事者の一方のみが主張できる無効というものを取り入れると、相手方たる譲受会社は、譲渡会社から無効の主張をされるまでその営業譲渡を有効なものとして取り扱うほかなく、譲受会社が著しく不安定な立場におかれることを問題とするからである。無効の主張を制限しようとする立場にとって、これが最大の問題点となる。

そして判示(3)は、最高裁としては最初の判断である。無効を原則的に絶対的なものとした上で、具体的事情を勘案して、本件については譲受人Y会社が無効を主張することのできない「特段の事情」があるとした。ここにいう「特段の事情」の判断基準が問題となるが、本判決は、無効の主張時期があまりにも遅すぎたこと、あるいは両会社の利害関係人が無効を主張していないことなどの事情を考慮して、Y会社による無効の主張は、法が本来予定した意図によるものではなく、もっぱら自己の債務履行を拒むためのものであるから信義則に反し許されない、と結論している。本件の具体的内容をもって判断すれば、この結論は動かないであろう。

3　本判決のようにこれを信義則で解決することも可能ではあるが、近時は無効の主張を制限する立場が増加の傾向にある。ひとつは、当事者の一方のみが主張することのできる無効という考え方をとって、譲受人の不安定さを解消するため、総会決議に事後承認を認め、相手方の催告権および取消権（民一一四条・一一五条）を類推する立場である（この内容につき、上柳克郎「商法における『当事者の一方のみが主張できる無効』」服部榮三先生古稀記念・商法学における論争と省察一三三頁（一九九〇年）参照。ただし、これは上柳教授の見解ではない）。この立場については、民法の右条項の類推適用の可否が議論となるであろう。

もう一つの考え方として、単に無効主張を制限することで解決する立場がある（落合・前掲重要判例解説一〇〇頁、中島・前掲ひろば八〇頁、山下眞弘・会社営業譲渡の法理二〇三頁（一九九七年）、同・判タ六五二号八〇頁）。この立場については譲受人が不安定になるとの批判があるが、そのような不利益を受ける譲受人を悪意・重過失ある者に限定することで、妥当な解決ができるのではなかろうか。著しく不安定な立場になることを知って譲り受けた者には、むしろ無効の主張は認めるべきではないというべきである。この見解は、譲渡会社は悪意・重過失のある譲受人に対してのみ無効の主張が許されるとする立場（鈴木竹雄＝竹内昭夫・会社法〔第三版〕二四九頁（一九九四年）、神崎克郎・新版商法Ⅱ〔第三版〕四五九頁（一九九一年）参照）を前提にしている。これによれば、善意かつ重過失なき譲受人は、不安定な立場に立たされることはない。

五　会社実務への指針

1　商法二四五条違反の効果については、伝統的に絶対的無効とされてきた。そのように解することが、譲渡会社の株主保護をはかろうとする本条の趣旨に合致すると考えられたことによる。かつては筆者もその立場をとっていた（山下・前掲会社営業譲渡の法理一二六頁、なお、一九九頁参照）。しかし、そのように解すると、例えば、譲渡会社での営業譲渡に関する総会決議が後になって取消されたり、あるいはその決議が不存在であったような場合に、譲受人が譲渡会社の議事録を確認するなどの注意を払っていても、総会決議は初めから存在しなかったこととなるため営業譲渡が無効となり、善意・無過失（もしくは無重過失）の譲受人が保護されない結果を招く。実務上もこのような結果は問題があろう。そこで、議事録を確認するなど慎重な行動をとった譲受人を保護する解決が求められる（鈴木竹雄「株式会社法と取引の安全」商法研究Ⅱ五五頁（一九七一年）参照）。このような譲受人は善意であり無過失に近い（少なくとも無重過失）と評価されよう。

そのほかに例えば、譲渡時にわざと総会決議を経ないでおいて後日経営状態の好転を見て、専らその営業を取り返すため決議のないことを理由に営業譲渡の無効を主張するなど保護に値しない無効主張もありうる。さらには本件事案のように、譲渡会社で総会決議のなかったことを理由として、譲受人側から無効を主張するといった予想外の事例まで現われた。いずれも、その主張を認めないという結論ははっきりしている。実務上、どのような理論構成が現実的であろうか。絶対的無効を出発点にして信義則などで修正する判例の立場と、初めから無効の主張を制限する考え方のいずれが妥当な解決を生みやすいかが、一つの重要な決め手となる。信義則による解決には、適用の要件をめぐる困難な問題もある。

2　無効主張の制限を議論する場合には、二つの側面がある。一つは、譲渡会社側からする無効の主張について、善意の譲受人に対する関係で制限されたり善意の転得者に対する関係で無効の主張が制限される場面である。通常いわれるところの相対的無効の場面である。これに対して、譲受人側からする本件事案のような無効主張がある。これも相対的無効の一類型といえるが（丸山秀平「取引保護と相対的無効論」神田博司先生追悼論文集・取引保護の現状と課題二一九頁（一九八九年）参照）、前者と区別して一方的無効とか片面的無効とか呼ぶ場合もある。これらについて生じる実務上の問題点を次に見ておこう。

(1)　ここでの善意は、総会決議があったものと信頼した場合についてと、総会決議を要する営業譲渡であることを知らなかったという意味でのそれとがありうる。むしろ問題は過失について生じる。善意であれば無条件で保護されるものではない。重過失があれば保護されないという点では、少なくとも一致するであろうが、その具体的な判断基準が必ずしも明確でないところに問題がある。過失の程度を単に抽象的に議論してみても、実務上は余り実益がないのではなかろうか。

譲受人としては譲渡会社に対して議事録確認を求めるか、少なくとも何等かの方法で確認をして譲渡会社の説明に信頼をおく状況があれば、それ以上は求め得ないであろう。まして や営業譲受けの認識すらないような場合にあっては、そのような確認を保護の要件とするのは酷である。

(2)　営業譲受人からさらに第三者に営業の譲渡がなされたような場合に、総会決議を欠く譲渡会社はその第三者に対して無効を主張できるか。この場合は、絶対的無効の立場に立っても無効の主張は制約される。動産については、第三者(転得者)は民法上の即時取得で保護されることで問題はない。不動産の場合は、譲渡会社が譲受人に無効を主張できるのであれば、転得者についても同じく主張できるかに見える。不動産登記には公信力がないばかりか、不動産には善意取得も働かない。実務上、この結論では困るであろう。

取引の安全のため、譲渡会社は転得者には無効の主張ができないとの結論を導く必要がある。例えば、民法九四条二項の類推である。これによって、エストッペルと同様の機能を果たすことができる。しかし、同条項の類推については議論もあり、また不動産は会社にとって重要な財産であり、善意転得者をどこまで保護するかについては、両者の利害をめぐり判断の困難なことが予想される。

(3) 以上とは逆に、譲受人から無効を主張する本件事案は、これまで予想外のものである。この事例では、営業譲渡の後二〇年も経て無効を主張してきたのであるから、信義則違反は容易に認定できた。これが例えば半年後であったら、どう判断されたであろうか。一年後の場合はどうか。信義則をもちだすと、このような厄介な判断が要求される。無効を主張することに問題があるのであれば、一般条項によるまでもなく端的にその主張を認めないとの結論を導き出す理論構成を考えるべきである。

3 無効の主張を制限する一方的な無効（いわゆる取消的無効）の法理に対しては、「会社の存立にかかわる財産的基盤に関するもので、公益性の高い無効の制度であり、軽々に民法における錯誤のように考えることはできないのではないか」（塚原・前掲ジュリ八七七号六九頁）との最高裁調査官の指摘もある。これは私が従来から主張してきた考え方（山下「判例研究」島大法学二六巻一号九五頁および同三一巻一号九一頁）に対する批判でもある。しかし近時の民法学説においては、錯誤や意思無能力による無効の例に見られるように、特定の者を保護するために無効とされる場合には、その特定の者からのみ無効の主張が認められるという考え方が有力となってきた（例えば、川井健・無効の研究一四五頁（一九七九年）、四宮和夫・民法総則［第四版補正版］二一一頁（一九九六年）、田山輝明・民法総則［第二版］一二〇頁（一九九〇年）、中井美雄・通説民法総則一八六頁（一九九一年）、松坂佐一・民法提要総則［第三版・増訂］二三三頁（一九八二年）など参照）。取消と明確に区別された伝統的な無効以外に、別の無効の概念が存在することは、錯誤事例ではあるがすでに最高裁判例でも認められている（最判昭四〇・九・一〇民集一九巻六号一五一二頁、判タ一八三号九九頁）。

このような考え方は、商法二六五条の取締役会の承認がない会社・取締役間の取引に関する事例においても後に認められた（最判昭四八・一二・一一民集二七巻一一号一五二九頁、判タ三〇四号一五八頁）。すなわち、会社が取締役に貸し付けた金員の返還を求めた場合に、取締役が二六五条違反を理由に、当該貸し付けの無効を主張することは許されないと判示したものである。同条は、会社の利益を保護することを目的とするからである。本章で最初にとりあげた営業譲渡の事例についても、基本的にこの立場を推し進めてよいのではないかと考えているが、なお検討すべき理論上の問題点は残されているようである。すでに触れたように、一方的な無効主張の考え方をとった上で、相手方たる譲受人の不安定な立場を除去する方策を示唆する有益な指摘もある（上柳・前掲商法学における論争と省察一三二頁以下）が、これにも解釈上の問題がないではない。また、一方的な無効をいうのであれば、それは取消と同じことになりはしないかとの批判もあろう。しかし、総会決議を欠く営業譲渡の重大性は、無効を出発点とするほかない。

第8章　商号続用のある営業譲受人の責任
——債権者保護の視点から——

一　商号を続用する場合の問題点

営業が譲渡された場合に、営業譲渡人の営業上の債権者との関係で、営業譲受人の責任はどうなるのか。従来、基本的に一般論としてこれが議論されてきた傾向がある。しかし、これが現実に問題となる事例の多くは、たとえば、企業が倒産した場合に同時に第二会社が設立され、そこへ営業が譲渡されてこれまで通りの営業が行われるようなケースであり、営業を譲渡した倒産企業の債権者をいかにして保護すべきかという視点から、この課題は検討される必要がある。営業譲渡人が債権者に弁済できるような場合には、債権者が営業譲受人の責任を追及する必要性は、現実問題としてはないであろう。本章では、商法二六条一項の解釈問題を主として検討する。とりわけ、商号を続用する営業譲受人が弁済責任を負う根拠ならびに商号続用の拡張解釈の限界について、議論を集中させたい。

通説的見解によれば、営業の譲受人は、債権者に対して当然に義務者となるものではない。営業譲渡の当事者間において、営業上の債務が譲受人に移転しても、営業上の債権者に対する関係では、譲渡人が依然として債務者であり、譲受人は、債務引受などをしない限り、義務者とはならないというのが一般原則であると解されている。この場合について、商法は、譲受人が譲渡人の商号を続用する場合と続用しない場合とに分け、商法二六条一項は、商号続用のある譲受人は、譲渡人の営業によって生じた債務につき、譲渡人とともに弁済責任を負うものとした。これは、債権者を保護するための規定であり、外観理論あるいは禁反言法理にもとづくものと一般に理解されてきた。しかし、そのように解すると、営業譲渡および債務引受につき悪意の債権者は常に保護されない結果となり、外観信頼保護を根拠とすることには、理論・実際の両面で少なからず問題がある[1]。

営業譲受人の責任に関しては、筆者もすでに若干の検討をしたことがあるが[2]、営業譲受人の意思で説明してきた私見を理論面から補強する学説も現れ[3]、また商法二六条に関して、示唆に富む論考にも接し[4]、さらに検討すべき課題を含んだ判例もあるので[5]、ここで改めて再検討をしてみたい。

（1）外観信頼保護を根拠とすることに批判的な学説は以前からある。たとえば、志村治美・現物出資の研究二四一頁（一九七五年）、長谷川雄一・演習商法〔総則・商行為〕一四一頁（一九七六年）、服部栄三・商法総則〔第三版〕四一六頁（一九八三年）以下など参照。

（2）山下眞弘「営業譲渡の債権者に対する効果―債務引受広告の意義を中心として」島大法学二七号四三頁、同「営業を譲受けた旨の挨拶状と商法二八条の適用の有無」企業法研究二七一輯三八頁、同「事例研究」法学教室一七八号一九頁、同「営業譲渡と債権者保護の法理―営業譲受人の責任規定の根拠」岩本慧先生傘寿記念・商法における表見法理一〇五頁（一九九六年）、など参照されたい。なお、これらのうち最初と最後の二本の論文は、山下眞弘・会社営業譲渡の法理二〇九頁以下（一九九七年）にも収録されている。

（3）田邊光政・商法総則商行為法〔第二版〕一五四頁（一九九九年）参照。

（4）小橋一郎「商号を続用する営業譲受人の責任―商法二六条の法理」上柳克郎先生還暦記念・商事法の解釈と展望二頁（一九八四年）、浜田道代「判例研究」判例評論二〇七号二七頁（判時八〇七号一四一頁）、近藤光男「営業譲渡に関する一考察」神戸法学年報三号六五頁以下、いずれも説得力がある。

（5）最近の例では、ゴルフクラブの名称を続用したゴルフ場の営業譲受人に債務の承継を認容した事例（大阪地判平六・三・三一判時一五一七号一〇九頁）がある。なお、商法二六条一項の適用の関係で、「営業譲渡の事実および債務引受のない事実」を知る悪意の債権者は保護しないとする判例（東京地判昭四九・一二・九判時七七八号九六頁）が問題となるが、これに対して「個々の具体的な知、不知を問わず」とする判例（東京地判昭五四・七・一九判時九四六号一一三頁、金融・商事判例五八八号四〇頁）があることに注目しておきたい。

二　営業譲受人の責任関係

１　営業譲渡当事者間での債務の移転

営業が譲渡されると、譲渡人の営業上の活動によって生じた一切の債務は、営業の構成部分として譲受人に移転するというのが多くの見解である。ただし、この見解によっても、営業の譲受人は、譲渡人の営業上の債務を常に引受けることを要するものではなく、当事者間の特約で債務を除外して営業を譲渡することもできる。(6) 営業の同一性を害しない限り、このように営業財産の一部を除外することができるのはいうまでもない。

この通説的見解に対して、営業の意義については通説的に解した上で、営業譲渡の場合には債務は含まれないとする反対説が主張される。(7) すなわち、通説のように、特別の除外がない限り営業譲渡の対象に債務を含むとすると、商法二六条および二八条との関係で整合性を欠くという。たとえば、債務が譲受人に移転するものだとすれば、譲渡人の責任が消滅しないことを定める二六条一項は不要になるとする。しかし、いずれにせよ債権者保護を考慮すれば、二六条一項の存在意義は決して小さくない。この見解は、確かにひとつの考え方ではあるが、営業譲渡の当事者間における債務移転の問題と第三者に対する関係とは、別の場面の問題ではなかろうか。営業は譲渡の対象であるだけでなく、出資・賃貸借・担保などの対象にもなり、それぞれに応じた内容を具体的に定めること自体に私も異論はないが、譲渡の対象たる営業の意義を反対説のように解さなければならない必要性は、二六条・二八条との関係ではさしあたり認めがたいように推測される。

2　営業上の債権者に対する関係

原則として、営業の譲受人は、債権者に対して当然に義務者となるものではないが、これに対して、とくに営業譲受人の債権者に対する責任を定めたのが、商法二六条および二八条である。これらの規定によれば、営業の譲受人が譲渡人の商号を続用する場合には、譲渡人の営業によって生じた債務については、譲受人もまたその弁済の責に任ずる（二六条一項）。

しかし、商号を続用する場合でも、営業の譲渡後、遅滞なく譲受人が譲渡人の債務につき責に任じない旨を登記したときは、譲受人はその責任を負わず、また営業の譲渡後、遅滞なく譲渡人および譲受人から第三者に対してその旨を通知したときは、その通知を受けた第三者に対しては譲受人はその責任を負わない（二六条二項）。営業の譲受人が譲渡人の商号を続用しない場合でも、譲渡人の営業によって生じた債務を引受ける旨を広告したときは、債権者は、その譲受人に対して弁済の請求をすることができる（二八条）。このように、営業の譲受人が譲渡人の債務について責任を負う場合には、営業の譲渡または債務引受広告の後二年内に請求または請求の予告をしない債権者に対しては、譲渡人の責任は二年を経過したときに消滅する（二九条）。これらの規定が、営業譲受人による商号続用の有無によって取扱いを区別するのはどうしてであろうか。その本質を明らかにしなければならない。

なお、営業の譲受人が譲渡人の商号を続用する場合に、譲渡人の営業によって生じた債権について、譲受人に対してなされた弁済は、その弁済した者が善意でかつ重過失のなかったときに限り弁済の効力を有する（二七条）。この商法二七条の場合についてのみ、行為者の主観的要件が規定されている。このことから、商法二六条および二八条については、その文言解釈上、債権者の主観は問われないことを意味するものと一応は解しうるのではなかろうか。

また実質的にみても、このように解するのが妥当である。

3　商法二六条・二八条とドイツ商法二五条

わが商法二六条および二八条の規定は、ドイツ商法二五条の内容とおよそ一致することは、すでに周知のとおりである。すなわち、商号を続用する営業譲受人、あるいは債務引受を広告した営業譲受人の責任について、ドイツ商法二五条は、次のように定める。その一項前段で、「営業の譲受人(取得者)が商号を続用する場合においては、譲受人は譲渡人のすべての営業上の債務に関し、原則として弁済の責に任ずる」旨を規定し(日本法二六条一項)、その三項において、「営業の譲受人(取得者)が、譲渡人の商号を続用しない場合は、特別の債務負担原因のあるとき、とくに譲受人が商慣行的方法にしたがって債務引受を公示したときに限り、これまでの営業上の債務につきその責に任ずる」旨を規定している(日本法二八条)。わが商法の上述の規定は、このように大枠においてドイツ商法にならっていることから、その解釈・適用について、さしあたり母法であるドイツ法の規定の解釈が参考となることは否定しないが、ドイツでの議論も錯綜している(8)。営業譲渡の債権者に対する効果については、昭和一三年の商法改正まで規定がなかった。それまでは、民法の一般原則で解決された。つまり、営業が譲渡された場合に、譲渡の対象となった営業の債権者は、営業譲渡当事者のいずれに対して弁済請求をなすべきかについては、債務引受、譲渡人のためにする弁済の引受（民四七四条）あるいは債務者交替による更改（民五一四条）などの債務負担行為の有無によって決定された。したがって、そのような行為がなければ、債務者は譲渡人であり、譲受人は当然には債務者とはならない。そこで、債権者保護のためドイツ商法にならい、営業譲受人が譲渡人の商号を続用する場合と続用しない場合とに分けて、譲受人の責任について規定したのである。(9)

(6)　西原寛一・商法総則・商行為法一〇八頁（一九五八年）、大隅健一郎・商法総則［新版］三一七頁（一九七八年）、鴻常夫・商法総則［全訂第四版補正二版］一三七頁（一九九四年）、神崎克郎・商法総則・商行為法通論一四三頁（一九八二年）、田邊・前掲（注3）商法総則商行為法一四九頁以下など参照。なお、営業譲渡の意義が問題となるが、私は、ここで問題とする商法総則における営業譲渡概念と株主保護をめざす商法二四五条のそれとは自ずと異なるものと解してきた。商法二六条以下については、その趣旨が営業譲渡における譲受人および債権者・債務者などの保護にあるため、営業の同一性が問題とされ、営業活動の承継などが強調される。詳細については、山下・前掲（注2）会社営業譲渡の法理一九頁以下、とくに二〇九頁以下参照。

(7) 長谷川雄一・前掲（注1）演習商法一二〇頁および一三八頁、宇田一明・営業譲渡法の研究八三頁以下（一九九三年）参照。

(8) 小橋・前掲（注4）上柳還暦記念論文三頁以下参照。なお、小橋論文の六頁に紹介されている表示説は、結論として、あるいは私見に近いかも知れない。すなわち、これは、「商号続用を、前営業主の営業上の債務を引き受けようという営業取得者の表示とみる説である」とされ、この説に対しては、「商号続用を意思表示とみることは意思の擬制である」などの批判が加えられているようである。そして、同論文の一六頁で、「わが国では、商号続用を債務引受の表示とみる表示説は、主張されない。擬制に過ぎるとみられるからであろう。」とされている。いずれにせよ、ドイツにおけるこの学説には、興味深いものがある。なお、ドイツ民法四一九条およびドイツ商法二五条における営業譲受人の責任については、山下・前掲（注2）会社営業譲渡の法理二一六頁以下を参照されたい。

(9) 田中誠二＝喜多了祐・全訂コンメンタール商法総則三〇〇頁以下（一九七五年）参照。なお、民法学の多数の見解によると、営業上の債務について、当事者が別段の意思表示をしない限り、譲受人の責任を原則として認める。これは、営業譲渡の場合は債権の担保力を弱くさせる危険のないことをその理由とするが、商法二六条以下との関係が問題となる。これについては、山下・前掲（注2）会社営業譲渡の法理二二六頁以下参照。

三　商法二六条一項の法理

従来の通説は、これを外観理論あるいは禁反言の法理に求め、判例（最判昭四七・三・二民集二六巻二号一八三頁ほか）もその方向にあるようである。これに対して、外観保護に由来するものではないとする立場が、複数の方面から主張されて久しい。さらに近年、商号の続用は営業活動に参加することであるとして、これを根拠とする立場まで現れてきた。私見は、営業譲受人側の事情（譲受人の意思）に着眼する立場をとってきたが、ここで諸見解を整理し、それぞれについて批判的に再検討してみたい。

1　外観理論・禁反言法理による見解

その要旨は、こうである。商号が続用される場合には、営業上の債権者は営業主の交替を知りえず、譲受人である現営業主を自己の債務者と考えるか、かりに営業譲渡の事実を知っていても、商号を続用する場合は、譲受人による債務引受があったものと考えるのが常態であって、いずれにせよ債権者は、譲受人に対して請求をすることができると信じる場合が多い。また、商号が続用されない場合には、このような信頼関係を生じることはないが、譲受人が、とくに譲渡人の営業によって生じた債務を引受ける旨を広告したとき（二八条）は、右にみた信頼関係を生じ、このような外観に対する債権者の信頼を保護するところに、これらの規定の趣旨があるとする。(10)

なるほど、これら商法規定が、商号の続用や債務引受の広告といった外観の存在する場合に限って、債権者を保護していることに注目すれば、外観法理をその根拠とするのにも一理はある。しかし、この立場は、現在では通説といいうるかどうか疑わしいほど多くの批判にさらされてきた。(11)すなわち、第一に、外観保護をいうのであれば、債権者の善意もしくは無重過失が問われなければならないが、規定の上でも、またこの立場からもそれが問題とされていない、との批判がある。主観面を問う商法二七条との対比によっても、この批判は説得力があると思われる。第二に、営業主の交替を知りえない場合に、譲受人に連帯責任を負わせることが、なぜ外観保護のために必要であるのか。この場合の保護としては、譲渡人に債務が依然として存続するということで足りるではないか。第三に、二八条についても、この立場は禁反言法理を根拠とするが、なぜ譲受人が自己に不利益な広告をするのかが不明であるとの批判もある。(12)

通説への以上の批判は従来くりかえされてきたが、最近になって、通説に対する理論的問題点を示すものとして、次のような指摘がみられる。すなわち、「商号を譲受人が続用しているために、営業譲渡を知らなかった債権者が、旧営業主と取引しているものと誤信して新営業主と取引を継続するという事態は考えられるが、商法二六条は、すでに取引の終わった旧営業主に対する債権（旧営業主の過去の債務）を問題としているのであるから、営業主の同一性に対する外観の信頼を譲受人の弁済責任の根拠とするのは正当でない。商号続用のもたらす営業主の同一性の外観に対する債権者の信頼が問題になるとすれば、債権者が営業主の交替に気付かず、そのため債権回収の機会が遅れたことによる損害ぐらいである。[13]」とされる。この指摘は、説得的である。

またさらに、実際上も外観信頼保護とすることには、問題がある。仮に、悪意の債権者を保護しないということになれば、たとえば企業倒産の事例を想定すると、そのような状況で営業譲渡がなされる場合には、倒産企業が債務を免れるために営業譲渡を行っていることを債権者が知っている例が多いであろうし、しかも譲受人側に債務引受の意思がないことまで知っている場合が多いとされており[14]、このような債権者の保護の必要性は少なくないのではなかろうか。そうだとすると、これを外観保護によって理由づけるのは、理論的にも結果としても正しい説明とはいい難い。

このように外観保護ではないとして、それでは何に根拠を求めるべきであろうか。以下の諸説は、いずれも従来の通説を批判する立場にたつが、どの見解にも疑問の余地はあり、この問題の困難さを示している。

2　企業財産の担保力を根拠とする見解

この立場は、企業財産の担保力を重視する。二六条一項について、営業上の債務は企業財産が担保となっているので、債務引受をしない旨を積極的に表示しない限り、譲受人が原則として併存的債務引受をしたものとみなして、企業財産の現在の所有者である譲受人にも責任を負わせた規定であると解される。(15) なお、二八条については、商号を続用しない場合に譲受人が責任を負わないのは、新商号の使用が債務引受の意思のないことを示しており、譲受人が債務引受の意思のあることを広告したときは責任を負うとする。この見解は、企業財産の担保力を重視しつつ、商号続用のない場合について、当事者の合理的意思解釈で解決しようとするものであるが、担保力と意思の両面を考慮することで、説明の一貫性を欠くことになりはしないであろうか。商号を続用しない場合に、譲受人が責任を負わない理由をその意思に求めるのであれば、商号続用の場合についても同じく譲受人の意思を根拠としたほうが、説明としては一貫するといえまいか。商号を続用する二六条一項についてのみ、企業財産の現在の所有者の責任が問われるとするのは、二八条との関係で、必ずしも十分に一貫した説明であるとはいえないのではなかろうか。

3　企業財産の担保力を根拠に通説の原則と例外を逆転させる見解

この立場は、要するに、債権者は企業財産の担保価値に着目していることから、この担保物が移転すれば、商号の続用の有無にかかわらず債務も共に移転したものとした上で、原則と例外を通説と逆に立論する。すなわち、まず、債務の帰属につき特約のない場合は、原則として譲渡人と譲受人とは債権者に対し不真正連帯債務の関係にたち、重畳的債務引受が成立するものと推定し、特約により債務の移転がない場合に商号続用の有無で区別する。つまり、商号続用のある場合に、二六条一項は、譲受人にも重畳的債務引受をしたのと同じ効果を定め、商号続用のない場合でも、譲受人が債務引受の広告をした場合は、二八条が広告を信頼した債権者を保護する。そして、当事者間で債務承継をしない約定がなされ、かつ譲受人が商号続用も債務引受広告もしない場合には、譲受人は債務につき責任を負わず譲渡人のみが責を負う。その根拠は、譲受人が新商号を使用して、債務引受の意思のないことを表示していることに求められるとする(16)。

この見解は、二六条は、営業譲渡当事者の間で特約により債務承継を排除した例外的な場合にも、商号を続用した譲受人に債務引受の効果を認める規定であるとするところに特色を有する。しかし、企業財産の担保価値を重視しながら、商号続用の有無で区別しているところに疑問がある。また、外観保護ではないとしながら、二八条のところでは、広告を信頼した債権者を保護するとしていることにも疑問が残る。さらに、営業譲受人の債務引受があることが原則であると解してよいのかどうかなど、この説明には解釈論として無理が多いとの指摘もある(17)。

4　商号続用を営業活動への参加とみる見解

これは、商号続用のある二六条一項について、合名会社の社員の責任（商八二条）との対比において説明する考え方である。すなわち、商号は営業に密着しており、営業の譲受人が譲渡人の商号を続用する場合には、譲受人は、対外的には譲渡人の営業活動に参加するものとして扱われ、それは、あたかも合名会社の成立後に加入した社員が、加入前に生じた会社の

債務についても責任を負うのと同じであるとする。(18)

この見解は、比較的近年に主張されたものであるが、これまでの諸説とはかなりその発想を異にするものとして注目される。しかし、場面を大きく異にする営業譲受人の責任が、はたして合名会社の社員の責任との対比によって合理的に説明できるものかどうかについて、さらに検討を要するのではなかろうか。

5　譲受人の意思を基準とする見解

この見解は、商法の規定の立場を解釈論の範囲内で説明するには、債権者側からではなく、営業譲受人側の事情から説明するほかないとの認識にたち、譲受人の意思を根拠とするものである。すなわち、商号を続用する譲受人には、営業上の債務をも承継する意思があるのが通常であり、商号を続用しない譲受人にはその意思が通常はないものとして、商法上は規定されたと解さざるをえないとする。(19) 商号を続用する譲受人が、登記や通知によって債務を負う意思のないことを表明すれば、譲渡人の営業上の債務について責任を負わず（商二六条二項）、また商号を続用しなくても、譲受人が債務引受の広告をすればその弁済責任を負う（商二八条）と定めているのも、譲受人の意思を基準にしていると解して、はじめて商法の立場を総合的に理解できるとする。

商号続用の有無によって、このような意思解釈ができるかどうかにつき、疑問の余地もあろうが、実際上、商号を続用する事例の多くが、個人商人が会社として営業を継続したり（東京地判昭三四・八・五下民集一〇巻八号一六三四頁、同昭四五・六・三〇判時六一〇号八三頁など）、前述のように倒産会社が第二会社を設立して営業を承継している場合（大阪地判昭四〇・一・二五下民集一六巻一号八四頁など）であることにも留意したい[20]。この見解にも議論はあろうが[21]、商法の諸規定の立場を最も一貫して説明するものといえないだろうか。

(10)　前掲（注6）における大隅・商法総則三二七頁以下（ただし、この見解は営業財産が担保となっていることも根拠とし、上柳克郎「演習」法学教室五二号八九頁も同旨）、鴻・商法総則一四二頁以下および神崎・商法総則・商行為法通論一四四頁以下、宇田・前掲（注7）営業譲渡法の研究八二頁、田中＝喜多・前掲（注九）コンメンタール商法総則三〇一頁、今井宏「営業譲受人の責任」大阪府大経済研究一八号六五頁、大森忠夫「判例研究」民商法雑誌三三巻三号四〇頁、大原栄一「営業譲受人の責任」商法演習Ⅱ［旧版］三六頁（一九六〇年）、境一郎「判例研究」民商法雑誌四九巻五号七〇七頁、本間輝雄「判例研究」商事法務二一〇号一〇頁、藤井昭治「営業の譲渡」契約法大系Ⅱ二七〇頁以下（一九六二年）

など参照。なお、結論としては、この立場に賛成しつつも、独自の理由づけをなすものとして、永井和之「判例研究」法学新報七九巻九号一一八頁参照。昭和一三年（一九三八年）の商法改正により新設された二六条以下に関する当時の著書でも、表見責任を根拠としていた。たとえば、梶田年・改正商法総則論二三二頁以下（一九四一年）参照。ところで、これらの見解に対して、外観信頼保護をいうのであれば債権者の主観的要件を問うべきであるとの批判があるが、渋谷達紀「企業の移転と担保化」現代企業法講座一巻二三二頁（一九八四年）は、悪意の債権者は保護しないことを明言する。

(11)　従来の通説への批判としては、前掲（注1）から（注4）に掲げた諸文献のほか、現在ではこのような批判的見解が多数となってきた。

(12)　この点の説明について、宇田・前掲（注6）営業譲渡法の研究九七頁以下によれば、要するに、営業の譲受人が譲渡人の得意先などとの関係を順調に保つためであるとされる。

(13)　田邊・前掲（注3）商法総則商行為法一五三頁参照。

(14)　浜田・前掲（注4）判例評論二〇七号三〇頁、近藤・前掲（注4）神戸法学年報三号七九頁参照。

(15)　服部・前掲（注1）商法総則四一八頁以下参照。浜田・前掲（注4）判例評論二〇七号三一頁以下も、二六条の趣旨をこのように解した上で、解釈論は別として、営業を譲り受ける以上、少なくとも債権者に対する関係では債務引受をなすべしとの規範を立てるべきであると主張される。そして、判例においてもこのような傾向がみられるのは、企業倒産に際し債務のみを切り捨てつつ同一営業を継続することをよしとしない取引界の規範意識の影響であろうとされる。この指摘は重要で、説得的でもある。また、近藤・前掲（注4）神戸法学年報三号八二頁以下も基本的に服部説に立ちつつ、商号続用の場合に限って債権者を保護する理由について、商号を含めた営業譲渡がなされると、譲受人は、譲渡人と名実ともに同一営業を行っており、譲渡人の営業のすべてを利用しているのであるから、債務引受を強制されてもやむを得ないとされる。

(16)　実方正雄「判例研究」法律時報三五巻一三号一〇五頁、志村・前掲（注1）現物出資の研究二四一以下参照。

(17)　江頭憲治郎「判例研究」法学協会雑誌九〇巻一二号九九頁によると、営業譲渡の際に、譲受人が債務引受をしないきわめて例外的な場合に二六条・二八条を適用するとなると、なぜその例外的な場合に、法は一定期間経過後は免責的債務引受になる旨を規定したのかという点で、二九条の説明が苦しくなるなど、形式および実質の両面から問題点の指摘がなされる。近藤・前掲（注4）神戸法学年報三号八一頁もあわせて参照。

(18)　小橋・前掲（注4）上柳還暦記念一七頁参照。

(19)　田邊・前掲（注3）商法総則商行為法一五四頁、山下・前掲（注2）会社営業譲渡の法理二三三頁参照。

(20)　この点を重視するものとして、田邊・前掲（注3）商法総則商行為法一五四頁参照。商号を続する事例のすべてが、本文でのべたようなケースであるとは必ずしも断定できないが、判例をみる限り、そのようなものが目立つ。

(21)　近藤・前掲（注４）神戸法学年報三号八一頁によれば、具体的に、どのような場合を想定されるのか必ずしも明らかではないが、私見のように譲受人の意思から二六条一項を解釈すると、債権者保護に欠けるのではないかとの疑問を示される。また、仮屋広郷「営業譲受人の責任」（現代裁判法体系16商法総則・商行為八六頁（一九九九年））では、譲受人には私見の指摘するような意思はないとされるが、具体的意思の存在を問題としているわけではない。

四　商号続用の拡張解釈の限界

１　商号続用の判断基準

商号続用の有無の判断が重要となるが、判例の傾向としては、必ずしも同一商号であることは必要でなく、その主要部分に共通点があれば、続用が認定される方向にあり、妥当であると思われる。その点で、実質上同一の営業を継続している事例に関し、会社の種類を異にし、かつ「新」の字を付加した場合には、商号続用にあたらないとした判例[22]（最判昭三八・三・一民集一七巻二号二八〇頁）は、問題である。商法二六条を外観信頼保護とする立場によれば、商号続用の有無は債権者の信頼（誤認）が生じるような場合か否かで判断され、その続用の認定はある程度限定的になるであろう。その意味でも、二六条について従来通説とされた外観保護による考え方は問題である。

企業が倒産し第二会社が設立され、そこへ営業が譲渡されたような場合には、譲渡人の債権者保護の要請が大きく、商号続用の認定が緩やかになされるべき実際上の必要性がある。債権者が詐害行為取消権（民四二四条以下）を行使しようとしても、その立証は困難であると予想される。法人格否認は、もとより容易ではなさそうである。二六条の活用が期待される所以である。いずれにせよ、商号続用は緩やかに認定し、譲受人の救済は二六条二項によることで満たされるのではないか。(23)

2　商号続用と屋号の続用

屋号が商取引上重要な機能を営む場合には、その続用についても商号続用と同様に考えて、二六条一項の適用ないし類推適用が問題となる余地がある。これを肯定した判例としては、①東京地判昭和五四年七月一九日判例時報九四六号一一〇頁、②東京高判昭和六〇年五月三〇日判時一一五六号一四六頁、③東京高判平成元年一一月二九日東京高裁判決時報民事四〇巻一二四頁の三件がある。[24]いずれの判決も、譲渡人が商号（あるいは商号の重要な構成部分）を営業自体の名称（屋号）としても使用している場合に、営業譲受人が譲渡人の商号でもある屋号を屋号として続用するときは、商法二六条一項の適用ないし類推適用があるとした。

これらの判決の射程範囲について、判決が、屋号を譲渡人の商号と同様に扱うことまで認めたと即断することには慎重でなければならない。いずれも、譲渡人においては商号でもある屋号が、譲受人の屋号として続用されていることに留意する必要がある。したがって、その当否は別として、これらの判決が、譲渡人の商号と屋号が全く別物である場合にまで及ぶものとは断定できない。[25]

これに関連して、ゴルフクラブの名称を続用したゴルフ場の営業譲受人の責任を肯定した最近の判例（大阪地判平六・三・三一判時一五一七号一〇九頁）がある。[26]ゴルフ場の経営については、その経営主体の名称が使用されるよりも、そのクラブの名称が使用されるのが一般的であるとされ、一般にはゴルフクラブの名称で営業の主体が表示されるものと理解されているようである。本判決は、このような理解を前提に、商号続用の意義を広げて、営業の主体を表示する名称の続用がある場合にも、二六条一項を類推適用したものとして注目される。営業主体を表示する機能を有する名称続用の場合にまで同条項が及ぶかどうかは、これまであまり議論されずにきたが、この適用範囲については、ある程度限定的に解すべきであるとの指摘も早くからみられた。[27]

思うに、本条項の類推適用が無限定となるような拡張解釈はとるべきではないが、ゴルフクラブの名称は営業の主体を表示する名称であり、商号に実質的に近い性質を有するものと評価でき、マークの類とは異なる。したがって、この程度までの拡張は許容されるべきではなかろうか。

(22) 本件の最近の判例解説として、鈴木千佳子「営業譲渡と商号の続用」商法［総則商行為］判例百選［第三版］五四頁参照。

(23) 商号続用の緩やかな認定に対して、大塚龍児「営業譲渡と取引の安全」金融・商事判例五六五号六〇頁は、債権者保護のために商号続用を広く解釈するのは本末転倒であり、債権者保護のためには詐害行為として取消すのが正道であるとされる。

(24) ①の判例研究として、近藤龍司・法学研究（慶応義塾大学）五八巻七号八七頁、田村茂夫・西南学院大学法学論集一五巻四号一二五頁、丸山秀平・金融・商事判例五九三号四七頁、②について、志村治美・商事法務一一五七号三九頁がある。

(25) 丸山・前掲（注23）五〇頁以下によると、判旨が、譲渡人が商号を同時に屋号としていることを前提に、屋号の続用につき二六条を適用する点に注意すべきであるとされる。

(26) 本件研究として、小野寺千世・ジュリ一一一九号一四二頁参照。それによれば、本判決の結論はともかく、二六条一項の類推適用は行き過ぎであり、事実認定を詳細にすることで譲受人の債務引受を認定すべきであったとされる。しかし、このような事例で債務引受を認定するのは、必ずしも容易なことではないのではなかろうか。

(27) 丸山・前掲（注23）五一頁によると、屋号を事実上の商号と評価して、二六条を類推適用すると、サービスマークの続用にまで問題が発展し、同条項の適用範囲が無限定になるとの危惧を示される。確かにその危惧は否定できないが、商号と類似の機能を有する屋号などに限定して拡張することは可能であり、その結果も妥当であるといえないであろうか。

五　残された課題

債権者保護のためには、商法二六条一項による解決の必要性の大きいことが明らかとなった。これが否定された場合の債権者保護は、債務引受広告による二八条の責任追及もしくは譲受人の債務引受の認定によるほか、認められることがかなり困難な詐害行為取消権の行使あるいは法人格否認の法理を持ち出す以外に手段はなさそうである。しかし、二八条の適用については、単なる営業譲受の広告では足りず、それが認定されるのは容易ではないし(28)、また一般に債務引受も認定が容易であるとはいえない。

営業譲渡であることが否定された場合は、一般的な救済方法によるしかないであろうが、営業譲渡が認定された以上、二六条一項を広く活用することで、債務のみを切り捨てて、債権者の犠牲によって同一営業を継続するという社会正義に反する行為を除去すべきではなかろうか。ただし、債権者の理解と協力のもと、真に会社再建を目指すような場合は、もとより別である。

筆者は一貫して、商号の続用がある場合に営業譲受人も債務者となる根拠をその者の意思に求めた。ただし具体的な意思の存否は問わず、商号続用という事実にそのような意思の存在することを認めるわけである。この立場は、商号を含めて営業を譲り受ける場合には、それ相応の負担を覚悟すべきであるとの考え方にも依拠している。さしあたり、このように営業譲受人側の事情から説明するのが、比較的無難であると思われるが、ほかの立場を否定するものではない。今後の課題としては、たとえば複数の根拠を組み合わせて説明するというような方法も検討されてよいのではなかろうか。

五　残された課題

(28)　これについては、最高裁判例は分かれているが、いずれにせよ営業譲受の事実のみの広告では不十分であると解する。詳しくは、山下・前掲（注１）会社営業譲渡の法理二三三頁、二四七頁以下を参照されたい。

第9章　ゴルフクラブの名称続用と営業譲受人の責任

一　商法二六条における商号続用とは

商法二六条によれば、営業譲渡人の商号を続用する営業譲受人は、営業譲渡人の債権者に対して、連帯して弁済の責任を負う。商法の規定の上では、商号の続用に限定されているかのようであるが、商号自体でなくても、営業上使用される名称が営業の主体を表示する機能を果たすものであれば、商法二六条を類推しうるとした最近の裁判例がある（大阪地判平六・三・三一判時一五一七号一〇九頁）。本件は、ゴルフ場の営業譲渡の事案であるが、他の業種についても同様に考える余地もあり、これを検討する意義がある。

二　本件事実の概要

原告Xらは、訴外A会社（商号は「千疋屋観光開発株式会社」、昭和五九年一二月二五日に「岡山開発株式会社」に商号変更）の経営する本件ゴルフ場（ゴルフクラブの名称は「湯の郷カントリークラブ」）の会員（本件旧会員）であったが、A会社が経営に行き詰まったため、A会社に融資をしていた被告Y_2がA会社の全株式を取得するとともに、Y_2が実質的に経営する被告Y_1会社に、本件ゴルフ場の営業が譲渡された。Y_1会社は、昭和六一年六月二四日に、本件ゴルフ場を経営する目的でY_2によって設立され、同年七月頃、A会社との間で、同年八月一日にA会社の経営を引き継ぐ旨の合意をし、それに伴い同年七月一二日、A会社との間で動産所有権譲渡契約を締結して、A会社の本件ゴルフ場施設内の什器備品を含む動産類を譲り受け、その際、右動産類についてのA会社の債務も引き受けることを合意した。

本件ゴルフクラブは、預託金会員制のゴルフクラブで、それ自体独立して権利義務の主体となるような社団性を有せず、A会社が、本件ゴルフ場を経営し、そのゴルフ場施設の管理運営を同クラブの理事会に委託していた。本件ゴルフクラブに入会するには、A会社の定めた入会金などをA会社に預託し会員権を取得して、A会社から会員証書などが発行される必要がある。

Y_1会社は、本件ゴルフクラブの営業について、①本件土地・クラブハウス等の施設一切をそのまま使用し、②A会社の従業員もそのまま継続して使用し、③プレー料収入、従業員に対する給料・納入業者に対する支払等の経費関係債務を引き継いで処理するなどしてその営業を行い、また④旧会員との関係でも、昭和六三年八月頃までは何らの留保もつけずに、会員料金でのプレーを認め、会費を徴収し、名義変更や預託金の償還にも応じ、⑤旧会員をY_1会社が経営する本件ゴルフクラブの会員として扱うことを前提とする内容のクラブニュースを二回に渡り発行し、会員のネームプレートも従前のままにし、⑥旧会員権の債務者をA会社とする債務名義（判決）による強制執行にも応じるなど、Y_1会社設立・経営開始後二年以上の期間、旧会員をY_1会社が経営する本件ゴルフクラブの会員として扱っていた。

二　本件事実の概要

当初は、このようにXらの会員権を認めていたが、その後、譲受人Y_1会社がそれを否定する態度に出たため、XらからYらに対し、主位的請求として本件ゴルフ場の会員権を有することの確認を求め、予備的請求として預託金返還等を求めたのが、本件訴訟である。Xらの主張（Y_1会社との関係において）は、A会社からの営業譲受人であるY_1会社が本件ゴルフクラブの名称を続用している点をとらえて、商号を続用する営業譲受人の責任を定めた商法二六条による責任を追及するというものである。Y_1会社は、これに対して、営業譲受の事実を含めて争った。

本判決は、次のように、Y_1会社がA会社の営業を譲り受けたことを認定した上で、ゴルフクラブの名称（およびそのマーク）の続用に商法二六条一項を類推して、XらのY_1会社に対する請求を認容した。なお、Y_2の債務引受責任については、A会社の旧会員に対する債務を引き受けたことを認定する証拠がないとして、否定された。

三　裁判所の判断

請求一部認容

1　本件営業譲渡の成否

「ところで、商法総則で定める営業の譲渡とは、一定の営業目的のために組織化された有機的一体としての機能的財産（営業用財産である物・権利だけでなく、いわゆる事実関係を含む。）の譲渡をいうものと解される。

これを本件についてみると、本件土地は本件ゴルフ場用地で、そのクラブハウスである本件クラブハウスと共に、本件ゴルフ場経営会社であった訴外A会社の重要な財産というべきものであるところ、本件土地については昭和六一年一二月一三日、本件クラブハウスについては同月二六日、いずれも同年七月一二日（被告Y_1会社が訴外A会社と動産所有権譲渡契約を締結した日）の譲渡担保を原因として訴外A会社から被告Y_2に対する所有権移転登記が経由され、それらを被告Y_2から被告Y_1会社が賃借する形がとられた（その後の平成元年七月二七日に、同月二〇日売買を原因として被告Y_2から被告Y_1会社に所有権移転登記が経由された）ことは前期認定のとおりであって、被告Y_1会社は、訴外A会社から本件ゴルフ場の経営を引き継いだ際、その経営に必要不可欠の本件土地・クラブハウスの所有権の譲渡を受けていなかったものである。

しかし、そもそも被告Y_1会社は、訴外A会社の全株式を取得した被告Y_2が、本件ゴルフ場の経営の維持によって債権回収を図るために設立した会社であり、その経営も、被告Y_2の近親者や、被告Y_2が事実上支配していた会社の役員らが代表取締役等の役員となって行われていたもので、経営面で被告Y_2の強い影響力があったことが容易に推認されるものである。これに、本件土地・クラブハウスになされていた差押および仮差押の各債務は被告Y_1会社が概ね返済・整理し、その抹消登記が最後になされた平成元年六月二六日の後間なしに、本件土地・クラブハウスについて被告Y_2から被告Y_1会社への所有権移転登記がなされたことを合わせかんがみれば、被告Y_1会社は、被告Y_2の支配・影響力の下に、被告Y_2と事実上一体となって本件ゴルフ場を経営する目的で、後に本件土地・クラブハウスの所有権を被告Y_2を通じて取得することを前提として、訴外A会社から本件土地・クラブハウスを除く本件ゴルフ場設備を譲り受け、その債務を承継するなどして訴外A会社の経営を引き継いだものと認めるのが相当である。」

2　商法二六条一項の適用要件

「商号は商人の営業上の名称であるが、商法二六条一項が商号を続用する営業譲受人に弁済義務を認めた趣旨は、商号が続用される場合には、営業上の債務者は、営業譲渡の事実を知らず譲受人を債務者と考えるか、知ったとしても譲受人による債務の引受があったと考え、いずれにしても譲受人に対して請求をなしうると信じ、営業譲渡人に対する債権保全を講ずる機会を失するおそれが大きいこと等にかんがみ債権者を保護するところにあると解され、これからすると、商号そのものでなくとも、営業上使用される名称が営業の主体を表示する機能を果している場合には、右法条の趣旨は及ぼされるべきであり、同条を類推して、名称を続用した営業の譲受人の弁済義務を認めるべきものと解するのが相当である。

これを本件についてみると、被告Y_1会社は、昭和六一年八月一日訴外A会社から営業を譲り受けた後も、本件ゴルフ場の経営に関して、昭和六三年八月一九日に名称を『湯の郷ゴルフ倶楽部』に改めるまで『湯の郷カントリークラブ』の名称を続用し、ゴルフクラブを示すマークも訴外A会社経営当時のものと同様のものを続用していたことは前期認定のとおりであるところ、ゴルフクラブの名称は商号そのものではないが、ゴルフ場の経営については、その経営主体の名称が使用されるよりは、そのクラブの名称が使用されるのが一般的で、ゴルフクラブの会員権者は当該ゴルフクラブの名称を使用する者に対し権利を有するものと考えるのが通常であり、ゴルフ場の営業については、一般にはゴルフクラブの名称によって営業の主体が表示されるものと理解されている。

したがって、被告Y_1会社が、訴外A会社において使用していた『湯の郷カントリークラブ』の名称を継続して使用していたことについては、商法二六条の商号の続用に準じて考えるのが相当である。

以上によれば、被告Y_1会社は、訴外A会社から営業を譲り受け、商号の機能を有する『湯の郷カントリークラブ』の名称を続用したものであるから、商法二六条一項に基づき、訴外A会社と原告Xら旧会員との間に締結されたゴルフクラブ会員権契約に基づく債務の弁済義

三　裁判所の判断

務を負うものというべきである。」

四　本件の問題点

1　本判決は、商法二六条一項における商号続用の意義について、営業の主体を表示する名称（本件ゴルフクラブ名称）の続用がある場合に、本条項が類推適用される旨を明らかにした最初の判例として注目される。本件における営業譲渡当事者の実質的な同一性を考慮すれば、本判決の結論自体に異論はないが、営業の譲受人Y_1会社が旧会員をある期間その会員として扱っていた本件の場合は、あえて二六条を問題としなくても、Y_1について債務引受が認定できたのではなかろうか。いずれにせよ、二六条の解釈適用の限界事例を示した本判決の意義は決して小さくない。

2　営業譲渡の認定が問題となるが、本件で問題とする商法総則における営業譲渡の意義と株主保護をめざす商法二四五条のそれとは異なるものと解すべきである。商法二五条以下については、その趣旨が営業譲渡における譲受人および債権者・債務者などの保護にあるため、営業の同一性が問題とされ、有機的一体として機能する組織的財産であることに加えて、譲受人による営業活動の承継や譲渡人による競業避止義務の負担などが強調される。これに対して、二四五条では株主保護が目的であるから、その保護の必要性が強調され、特別決議を要する場合を広く認めるべきである（詳細については、山下眞弘・会社営業譲渡の法理（一九九七年）一九頁、とくに二〇九頁以下）。

本件では、ゴルフ場の経営にとって重要な土地・建物が当初の譲渡対象に入っていなかった点が問題となりそうであるが、判旨のいうように、Y_1・Y_2の事実上の一体性が認められるため、実質的に譲渡の対象に含まれていたのと同視しうる事案である。Y_1会社は、本件土地・建物などの所有権を取得するまでにも、賃借の形であれその一切の施設をそのまま使用していたのであり、同じ内容の営業が継続されており、本件は商法総則における営業譲渡の事例であると認めることができる。なお、同じくゴルフ場の事例で、不動産および営業用動産が譲渡の対象に含まれながら商法二四五条の適用を否定した最近の判例もある（旭川地判平七・八・三一判時一五六九号一一五頁）が検討の余地がある。

3　営業の譲受人は、債権者に対して当然に債務者となるものではないが、とくに営業譲受人の責任を定めたのが、商法二六条一項および二八条である。これによれば譲受人による商号続用の有無によって取扱いが区別される。二六条一項の法理については、次のように考え方が多岐に分かれる（詳しくは、山下眞弘「商号続用のある営業譲受人の責任―債権者保護の視点から」立命館法学二五六号二三二頁〈本書第8章〉、同・前掲会社営業譲渡の法理二四二頁）。

(1)　外観理論・禁反言法理による見解が、従来の通説・判例（最判昭二九・一〇・七民集八巻一〇号一七九六頁、同昭和四七・三・二民集二六巻二号一八三頁ほか）であり、本判決の立場でもある。これに対しては、たとえば、外観保護をいうのであれば、債権者の善意もしくは無重過失が問われなければならないが、条文上でも二七条についてのみ行為者の主観的要件が規定されており、またこの立場からもそれがほとんど問題とされてこなかったなど、批判が多い。ただし、この立場から、外観責任ゆえに営業譲渡の事実および債務引受のない事実を知る悪意の債権者は保護しないとする見解（渋谷達紀「企業の移転と担保化」現代企業法講座一（一九八四年）二三二頁）や判例（東京地判昭四九・一二・九判時七七八号九六頁）のあることに留意したい。

外観信頼保護とすることには、実際上も問題がある。仮に、悪意の債権者を保護しないということになれば、本件のような企業倒産の事例で営業譲渡がなされる場合には、倒産企業が債務を免れるために営業譲渡を行っていることを債権者が知っている例が多く、譲受人側に債務引受の意思がないことまで知っている場合が多い（浜田道代「判例研究」判例評論二〇七号三〇頁）ともいわれ、このような債権者の保護の必要性は少なくない。

(2)　外観保護と企業財産の担保力の双方を根拠とする見解（大隅健一郎・商法総則（新版）（一九七八年）三一八頁以下、上柳克郎・法学教室五二号八九頁）もあるが、この立場も外観保護を基本とする点で同様の問題があろう。この見解によれば、財産の担保力を根拠に悪意の債権者も保護する余地が生ずるようにもみえるが、併せて外観保護も根拠とするため、悪意の者は保護しないという結論となるであろう。これらの立場に対して、外観保護を根拠としない諸見解を以下に示しておこう。

(3)　企業財産の担保力を根拠とする見解がある。二六条一項について、営業上の債務は企業財産が担保となっているので、債務引受をしない旨を積極的に表示しない限り、譲受人が原則として併存的債務引受をしたものとみなして、企業財産の現在の所有者である譲受人にも責任を負わせた規定であるとする（服部栄三・商法総則（第三版）（一九八三年）四一八頁、志村治美・現物出資の研究（一九七五年）二四一頁ほか）。この見解は、企業財産の担保力を重視しつつ、商号続用のない場合について、当事者の合理的意思解釈で解決しようとするものであるが、担保力と意思の両面を考慮することで、説明の一貫性を欠くという問題がある。これに関して、商号続用の場合に債権者を保護する理由につき、商号を含めた営業譲渡がなされると、譲受人は、譲渡人と名実ともに同一営業を行っており、譲渡人の営業のすべてを利用しているのであるから、債務引受を強制されてもやむを得ないとする指摘（近藤光男「営業譲渡に関する一考察」神戸法学年報三号八二頁以下）があり、参考となる。

(4)　商号続用を営業活動への参加とみる見解が、近年みられる。これは、ドイツにおける最近の諸学説を参考に、商号続用のある二六条一項について、合名会社の社員の責任（商八二条、ドイツ商一三〇条）との対比において説明する考え方である（小橋一郎「商号を続用する営業譲受人の責任」上柳先生還暦記念・商事法の解釈と展望（一九八四年）一七頁）が、従来みられた見解と発想を大きく異にする。

(5)　譲受人の意思を基準とする見解も主張される。これは、商号を続用する譲受人には、営業上の債務も承継する意思があるのが通常であり、商号を続用しない譲受人にはその意思が通常はないものとして、商法の規定がなされたとする（田邊光政・商法総則商行為法〔第二版〕（一九九九年）一五四頁、山下・前掲会社営業譲渡の法理二三三頁）。ここでの意思は具体的に存在することを要せず、商号続用の事実をもって債務引受の意思を認めるのである。二六条二項や二八条の規定も、譲受人の意思を基準にしていると解して、はじめて商法の立場を総合的に理解できるとする。これにも議論はあろうが、意思によって説明する点で一貫性はある。

4　商号続用の拡張解釈の限界が、本件では問われた。商号続用の有無の判断について、判例の傾向は、商号の主要部分に共通点があれば、続用が認定される方向にあり、妥当である。商法二六条を外観信頼保護とする立場によれば、商号続用の有無は債権者の信頼（誤認）が生じるような場合か否かで判断され、その続用の認定はある程度限定的になり問題である。商号続用は緩やかに認定し、譲受人の救済は二六条二項によるべきである。これに対し、債権者保護のために商号続用を広く解釈するのは本末転倒であり、債権者保護のためには詐害行為として取消すのが正道であるとする見解もある（大塚龍児「営業譲渡と取引の安全」金融・商事判例五六五号六〇頁）。

本件類似の問題として、屋号が商取引上重要な機能を営む場合には、その続用についても商号続用と同様に考えて、二六条一項の適用ないし類推適用が問題となる余地がある。これを肯定した判例としては、① 東京地判昭五四・七・一九判時九四六号一一〇頁（この評釈として、近藤龍司・法学研究（慶応義塾大学）五八巻七号八七頁、田村茂夫・西南学院大学法学論集一五巻四号二二五頁、丸山秀平・金融・商事判例五九三号四七頁ほか）、② 東京高判昭六〇・五・三〇判時一一五六号一四六頁（この評釈として、志村治美・商事法務一一五七号三九頁）、③ 東京高判平元・一一・二九東京高裁判決時報民事四〇巻一二四頁の三件がある。いずれの判決も、譲渡人が商号（あるいは商号の重要な構成部分）を営業自体の名称（屋号）としても使用している場合に、営業譲受人が譲渡人の商号でもある屋号を屋号として続用するときは、商法二六条一項の適用ないし類推適用があるとした。

これらの判決の射程範囲について、判決が、屋号を譲渡人の商号と同様に扱うことまで認めたと即断することには慎重でなければならない。いずれも、譲渡人においては商号でもある屋号が、譲受人に屋号として続用されていることに留意する必要がある。右の判例の射程範囲を拡張解釈すると、本判決の立場となる。ゴルフ場の経営については、その経営主体の名称が使用されるよりも、そのクラブの名称が使用されるのが一般的であるとされ、一般にはゴルフクラブの名称で営業の主体が表示されるものと理解されているようである。本判決は、このような理解を前提に、商号続用の意義を広げて、営業の主体を表示する名称の続用がある場合にも、二六条一項を類推適用した。妥当というべきである。なお、本判決の結論はともかく、二六条一項の類推適用は行き過ぎであり、事実認定を詳細にすることで譲受人の債務引受を認定すべきであったとする本件評釈（小野寺千世・ジュリ一一一九号一四二頁）もあるが、「二年以上の期間、旧会員を被告Y_1が経営するゴルフクラブの会員として扱っていた」とする本件の事実認定によっても、債務引受を認める余地はあるのではなかろうか。いずれにせよ、本判決は二六条による解決を選んだ。企業倒産に際し債務のみを切り捨てつつ同一営業を継続することをよしとしない取引界の規範意識の影響が判例にみられる（浜田・前掲判例評論二〇七号三二頁）ともいえよう。

二六条一項による解決が否定された場合の債権者保護は、債務引受広告による二八条の責任追及もしくは譲受人の債務引受の認定によるほか、詐害行為取消権の行使あるいは法人格否認の法理を持ち出す以外に手段はなさそうである。しかし一般的にいえば、いずれも認定されるのは容易ではない（最近の法人格否認の否定例として、高松高判平五・八・三判タ八五四号二七〇頁が参考となる。この評釈として吉本健一・商事法務一四五一号三三頁）。商号と実質上同一の機能を有するものの続用がある場合には、二六条一項を広く活用することで、債権者の犠牲によって同一営業を継続するという問題のある行為を除去すべきではなかろうか（なお、本件は、Y_1がXらの会員権を確認し、退会会員に対し和解金を支払うことで和解が成立している）。

第10章　現物出資と営業譲受人の責任

一　営業の現物出資と営業譲渡規制

営業譲渡に関する商法上の諸規定は、営業の現物出資についても類推適用されるのか。これをどのように考えるかによって、とくに、営業を譲渡した会社の債権者の利害を左右しかねない。この問題について、次のような事例をもとに具体的に検討してみたい。

AはB電鉄株式会社の経営する京北線の電車に乗車中、乗務員のミスによりけがをした。ところがその後、京北線の営業はC鉄道株式会社に現物出資された。

(1)　B会社の株主総会の特別決議がなされていない場合に、B会社は営業の現物出資の無効を主張できるか。

(2)　C会社が「今般弊社はB会社から京北線の鉄道事業の現物出資をうけ、C会社として新発足することになりました」という新聞広告をした場合に、AはC会社に損害賠償を請求できるか。

二　営業の現物出資と営業譲渡規制の類推

株式会社が営業の全部または重要な一部の譲渡をするには、商法二四五条一項一号によって、株主総会の特別決議（商三四三条）が必要である。また、営業の譲受人が譲渡人の商号を続用する場合には、譲渡人の営業によって生じた債務につき譲受人も弁済の責任を負い（商二六条）、商号を続用しない場合であっても、譲受人が譲渡人の債務を引き受ける旨を広告したときは、同じく責任を負う（商二八条）。

このような営業譲渡に関する規定は、営業の現物出資についても類推適用されるものかどうか。商法二六条の適用に関するものであるが、最高裁昭和四七年三月二日判決（民集二六巻二号一八三頁）は、これを積極に解し、営業の現物出資を受けて設立された会社が、出資者の商号を続用する場合には、商法二六条の類推適用により、右会社は出資者の営業によって生じた債務につき、出資者とならんで弁済の責に任ずべきものと判示している。判旨は、営業の譲渡と営業の現物出資とは法律的性質を異にするが、その目的たる営業の意味は同一に解され、いずれも法律行為による営業の移転である点においては同じ範疇に属するという。この考え方は、既に学説上も指摘されているところであり（大隅健一郎・会社法の諸問題〔増補版〕七四頁）、この理からすれば、商法二四五条一項一号を含め、営業譲渡に関する規定は営業の出資の場合にも類推適用されることとなる。

三　営業の重要な一部と商法二四五条違反

Ｂ会社の京北線の営業は割合としてはどの程度のものであったのか。それが商法二四五条一項一号にいう「営業の重要な一部」にあたるのであれば、株主総会の特別決議を要し、決議を欠いていれば、原則としてＢ会社は営業の現物出資の無効を主張できることとなろう。商法二四五条違反の効果は、従来の考え方では絶対的無効とされてきたが、近時、これにつき議論がある。無効の意味を相対的に考える見解が、取引安全の要請から主張されている。

その代表的なものとして、「会社の営業ないし営業財産の譲渡は、それが会社の運命にかかわるようなものであるときは、特別決議を経なければ元来無効であるが、このような場合であることを知らず、かつ知らないことに重大な過失もない譲受人に対しては、会社はその無効を対抗することができない」（鈴木竹雄・商法研究Ⅱ五二頁、鈴木竹雄＝竹内昭夫・会社法［第三版］二四九頁）との見解がある。これに対しては、営業の譲受人の主観的事情を問題とする点に、疑問や批判もある（上柳克郎「営業譲渡」会社法演習Ⅱ七八頁）が、この相対的無効の見解は妥当な解決をめざす考え方ではある。

譲渡や出資の対象としての営業がいかに解されるべきかについても、さまざまな議論があるが、営業の重要な一部の判断は、さらに困難を伴う。判例上もその限界を示すケースはみられない（たとえば、東京地判昭三三・六・一〇下民九巻六号一〇三八頁、東京高判昭五三・五・二四判タ三六八号二四八頁、最判昭六一・九・一一判時一二一五号一二五頁など）。いずれも過半を占める割合の譲渡事例である。有機的一体として機能する組織的財産が営業と一般に理解されるが、その重要な一部というのは、その譲渡によって会社が営業を維持できなくなるか、または少なくともその営業規模を大幅に縮小せざるをえなくなり、そのような意味で会社の運命に重大な影響を及ぼす場合を問題とすべきであろう。これを一律に数値で示すのは妥当ではなく、質と量の両面から右の基準に照らして判断するほかない（山下眞弘「営業譲渡・譲受における株主保護と取引安全」竹内昭夫編・特別講義商法Ⅰ一七一頁、山下・会社営業譲渡の法理四一頁）。

四　営業によって生じた債務の範囲

本設例では商法二八条の類推適用が問われているが、同条の債務にはどのようなものが含まれるか。営業は積極財産のみならず消極財産（債務）も含めて構成され、営業によって生じた債務というのは、営業上の活動に関連して発生したすべての債務を意味するものと一般に解されている。したがって、企業取引を通じて生じた債務だけでなく、債務不履行による損害賠償債務（最判昭四一・三・一八金判一号一七頁）や不法行為にもとづく損害賠償債務（福岡地判昭四七・三・二一判時六七五号七七頁）なども含まれることについては、判例・学説ともに異論がみられない。

このように、譲渡人の営業によって生じた債務の意義は相当に広いことから、債務の範囲がかなり拡大することが問題となりうる。とくに不法行為によるものは、その金額が容易に特定されない。

五　債務引受広告をめぐる二つの最高裁判例

本設例におけるC会社の新聞広告は、商法二八条の債務引受の広告にあたるか。これに類似のケースとして最高裁昭和二九年一〇月七日判決（民集八巻一〇号一七九五頁）があるが、これは、事業（営業）の譲受なる文字は社会通念として営業上の債務の引受を意味すると解しうる旨、判示した。ところが、新聞広告と異なり、営業を譲り受けた旨の個別的挨拶状を送付した事業に関する最高裁昭和三六年一〇月一三日判決（民集一五巻九号二三二〇頁）は、業務の承継なる文字のみでは債務引受の趣旨とは解されない旨、判示している。下級審判決も前者の最高裁二九年判決の結論に従うもの（東京地判昭三一・一〇・二四下民七巻一〇号二九八五頁、東京高判昭三五・七・四判タ一〇八号四七頁など）と、三六年判決によるもの（東京地判昭三四・四・二七下民一〇巻四号八三六頁、東京高判昭三四・一二・二八下民一〇巻二号四三〇頁、名古屋地判昭五一・一一・一九判時八五二号一〇八頁、名古屋地判昭六〇・七・一九判時一一七九号九六頁など）とに分かれる。

この二つの最高裁判決は互いに抵触していないのだろうか。一方が新聞広告で他方が個別的挨拶状の送付という点で、両者に違いはあるが、それが結論を左右する決定的なものといえるのか。両判決の評価は論者によってさまざまである（前田重行・商法［総則・商行為］判例百選［第三版］五九頁、坂井・曹時一三巻一二号一一六頁、塩田親文・法時三四巻一一号一〇八頁など）。あるいは、最高裁の考え方は、結果的に営業の譲受人に債務を引き受けさせるべきであると判断した場合には二九年判決のように判示するというところに、その真意があるのかも知れない。そうではなく、広告の内容だけから客観的に判断したというのであれば、両判決の結論は抵触している疑いが生じる。商法二八条は、広告の方法については定めがなく、その立法趣旨に適合するような方法であればよいと解され、新聞広告と挨拶状（個別的通知）とが本質的に異なるとはいえないであろう（鴻常夫・商法総則［新訂第五版］一五一頁）。

六　商法二八条の立法趣旨をめぐる議論

営業の譲渡（出資）があっても、商法学の通説によれば、営業上の債務につき債権者に対する関係では、当然には譲受人は責任を負わないし、譲渡人もその義務を免れない。そこで、営業上の債権者を保護するため、商法二六条・二八条で特則を定めた。この規定の趣旨をどのように理解するかが、本設例を解くポイントともなる。債務引受広告の意味もそこから導かれるであろう。

(1)　多数説は、禁反言の法理あるいは外観理論を根拠にしており（大隅健一郎『商法総則〔新版〕』三二〇頁、今井宏「営業譲受人の責任」大阪府大経済研究一八号六五頁、大森忠夫「判例研究」民商三二巻三号四〇頁、鴻常夫「判例研究」東大商事判例研究昭和二六年度三四頁、大原栄一「営業譲受人の責任」商法演習Ⅱ〔旧版〕三六頁など）、前掲最高裁判例も同様の方向にあろう。要するに、商号が続用される場合は、営業上の債権者は営業主の交替を知りえず、譲受人たる現営業主を自己の債務者と考えるか、あるいは営業譲渡の事実を知っていても、そのような場合は譲受人による債務の引受があったものと考えるのが常態で、いずれにせよ債権者は譲受人に対して請求をなしうると信じる場合が多い。これに対し、商号の続用がなければ、このような信頼関係を生じることはないが、譲受人がとくに譲渡人の営業上の債務を引き受ける旨を広告したときは、右にみた信頼関係を生じ、このような外観に対する債権者の信頼を保護するところに、その立法趣旨があるという。

この見解に対しては、外観保護を強調するのであれば、債権者の主観的事情が問題とされるべきであるのに、これが問われないのはどうしてか。また、二八条は禁反言の法理によるとの説明であるが、それでは、なぜ譲受人が自己に不利益な広告をするのかが不明であるなど、疑問や批判がある（服部榮三・商法総則〔第二版〕四一六頁、志村治美・現物出資の研究二四一頁、長谷川雄一「営業の譲渡」鴻常夫ほか編・演習商法〔総則・商行為〕改訂版一四一頁など）。これらの指摘はもっともである。そこで、二六条が外観に対する信頼を保護する規定であるのなら、二八条でも「営業譲受の広告」がなされれば、それだけで譲受人の責任を認める余地が解釈上あるのではないか、という立法論へと結びつく見解（今井・前掲経済研究一八号六五頁）もみられる。この結論の当否は議論のあるところであろう。

(2)　外観保護によらず、譲受人の意思を根拠にする考え方がある。すなわち、二六条一項については、営業上の債務は企業財産が担保となっているので、原則として譲受人が併存的債務引受をしたものとみなした規定と解し、二八条について、商号を続用しない場合に譲受人が責任を負わないのは、新商号の使用が債務引受の意思を譲受人が有しないことを示しており、譲受人が債務引受の意思を有することを広告したときは責任を負うが、これも外観保護そのものではないとされる（服部・前掲商法総則四一六頁）。

この見解は、商号続用の有無によって譲受人の意思を推測する点で興味を引くが、その推測がそのとおりであるかどうかは、必ずしも明らかではない。また、譲受人の意思を重視するのであれば、二六条についても、企業財産よりも商号を続用する譲受人の意思を問題とするのが、むしろ一貫しているともいえるのではなかろうか。

(3)　原則と例外を通説と逆に立論する考え方がある。すなわち、債権者は、企業財産の担保価値と企業の収益力に着目しており、このような担保物が移転すれば、商号の続用に関係なく債務も一緒に移転したと考えるのが通常であるとした上で、次のように構成される。まず、債務の帰属につき特約がない場合は、原則として譲渡人と譲受人とは債権者に対し不真正連帯債務の関係にたち、重畳的債務引受が成立すると推定し、特約で債務移転のない場合に、商号続用の有無で区別する。つまり、商号続用のある場合は、譲受人にも重畳的債務引受をしたのと同一の効果を二六条は定め、商号続用のない場合でも、譲受人が債務引受の広告をすれば、二八条で広告を信頼した債権者を保護する。そして、当事者間で債務承継をしない約定がなされ、かつ譲受人が商号続用も債務引受広告もしない場合は、譲受人は債務につき責任を負わない。それは、譲受人が新商号を使用して債務引受の意思のないことを表示しているからである（志村・前掲現物出資の研究二四二頁）。この見解にも疑問は残る（江頭憲治郎「判例研究」法協九〇巻一二号九九頁）。

なお、さらに企業本位の理論による学説もあり（西原寛一・商法総則・商行為法〔商法講義Ⅰ〕一〇六頁、福井守・営業財産の法的研究三〇頁）、この問題については、いまだ統一的立場は示されていない。

七　営業譲受と債務引受の広告

事業の譲受（現物出資）といった文言は、債務引受の趣旨を含むか。これを肯定した前掲最高裁二九年判決に賛成の学説（田中誠二＝喜多了祐・全訂コンメンタール商法総則三〇八頁）もあるが、多くの学説は反対している。すなわち、商法二八条の趣旨を禁反言の法理に求めても、一方的意思表示にすぎない債務引受広告に拘束力を認めるのは異例のものであるから、二八条の適用には慎重でなければならず、営業譲受の広告のみでは、債務引受の意思表示とみることはできない（竹内昭夫「判例研究」法協九八巻三号一七四頁など）とする。この結論は、二八条の趣旨を多数説のように解する立場のほとんどすべてに共通するものといえようが、別の立場でも同じ結論となりうる。これについては、二八条の趣旨の理解によって、広告の解釈が異なるとの指摘（浜田惟道「営業譲受人の責任」セミナー法学全集6商法Ⅰ一七七頁）もあるが、具体的な違いはそれほど大きいものかどうか明らかでない。

このような学説の流れからすると、本設例にみられる単なる現物出資をうけた旨の新聞広告では不十分で、債権者に対して弁済の責任を負うことを示す何らかの表示が要求されることになるであろう（大森・前掲民商三一巻三号四一頁）。そして、この結論の方向は、わが国商法二八条の母法であるドイツ商法二五条三項の規定にも沿うものといえる（山下眞弘「営業譲渡の債権者に対する効果」島大法学二七号五一頁）。すなわち、同条三項は、商号続用のない場合の譲受人の責任について「営業の譲受人が譲渡人の商号を続用しない場合においては、特別の債務負担原因のあるとき、とくに譲受人が商慣行的方法に従い債務引受を広告した場合にかぎり、従来の営業上の債務につきその責に任ずる」旨を定める。そして、このドイツ商法二五条三項の債務引受は、単なる営業譲受では足りず、債務引受の意思表示がなされることを要するものとドイツでも一般に解されている。なお、その方法としては、新聞広告などに限定されず、多数債権者への個別的通知も右法条における債務引受の広告と認められている。

第11章　企業倒産と営業譲受人の責任

一　商法二八条の債務引受広告とは

営業譲渡を受けて設立した会社が、取引関係者に対し、人的・物的設備を承継し譲渡会社の事業の一部を承継する旨の挨拶状を配布した場合に、商法二八条の責任が認められた最近の下級審判決がある（東京地判平九・七・三〇判時一六三八号一五〇頁、金融・商事判例一〇三九号四三頁）。商法二八条の適用される債務引受広告の意義に関しては、周知の通り、結論において対立するかに見える二つの最高裁判例（最判昭二九・一〇・七民集八巻一〇号一七九五頁および昭三六・一〇・一三民集一五巻九号二三二〇頁）がある。ただし、本章では、二八条の適用を問題とするのではない。むしろ、企業倒産に直面した会社が、第二会社を設立して、そこへ営業を譲渡して企業活動を継続することにより、再建を図ろうとすることの当否を問題としたい。

これまで、そのような営業譲渡に対する裁判所の評価は厳しく、もっぱら債務を免れるための夜逃げ的行為であると断罪される傾向が強かった。第二会社の設立は、債権者を害する不当な行為と決めつけられてきたが、果たしてそのように言い切れるのであろうか。本章では、このような問題意識をもとに、従来の判例の立場を再検討しようとするものである。

本章で検討の対象とする上述の東京地裁平成九年七月三〇日の判決は、経営が破綻した旧会社から営業譲渡を受けて設立した会社が、旧会社の設備配管部門を独立させたものであって、人的・物的設備を承継し、旧会社の事業を承継する旨の挨拶状を広く取引関係者に配布した場合には、旧会社の債務を引き受けた旨を広告したものというべく、商法二八条に基づく責任を免れないと判示した。本件は、二八条の適用される事例であるのかという点についても疑問はあるが、結論の妥当性にも問題が残る。(1) 後にみるように、東京高判平成一〇年一一月二六日（金法一五四五号四六頁）は、このような疑問に答えるかのごとく、この一審判決を取り消した。上告審の判断が待たれるところである。

二　この事実の概要

原告Xは、平成元年八月、訴外A会社との間で、証書貸付契約等に関する基本合意をした上、右基本合意に基づき四億三、〇〇〇万円をA会社に貸し付けたが、その後不況の影響によりA会社の経営状態が悪化したため、新会社を設立して建直しを図ることになり、平成六年一〇月、A会社と営業目的を同じくする被告Y会社を設立し、A会社の社屋・設備・スタッフを引き継いで設備配管工事等を行うことになった。

そこで、Xは、Y会社はその設立に際しXに新会社設立の案内を送付して、A会社の業務をそのまま引き継ぐことを表示し、かつ、Y会社の代表者がA会社のXに対する借受金債務の弁済方法の協議に応じるなどしていたから、A会社の右借受金債務を明示ないし黙示により重畳的に引き受けたものであるなどと主張し、Y会社に対して、右貸金残金三億円の支払を求めた。

これに対し、Y会社は、一般に倒産の危機に瀕した会社が新会社を設立して整理または再建をする場合、新会社が旧会社の債務をそのまま引き継ぐということはありえないし、本件においては、新会社設立の過程で、Y会社はXからの貸金債務について保証や重畳的債務引受の要請を拒絶しているから、明示、黙示のいずれにせよ、Y会社がA会社の債務を引き受けたことにはならない、などと主張した。

三　一審裁判所の判断はどうか

本判決は、まず、Y会社の設立は、A会社からの営業譲渡を伴うものであるところ、本件のごとく新会社が別商号を用いる場合であっても、譲渡人の営業により生じた債務を引き受ける旨を広告したときは、債権者はその譲受人に対しても弁済の請求をすることができるとした。

その上、本判決は、Y会社は設立とともに会社設立の挨拶状をXほかの取引関係者に送付しているところ、右挨拶状の文面には債務を引き受ける旨の文言こそないが、Y会社はA会社の設備配管部門を独立させたものであること、および人的・物的設備を承継し、同会社の事業を承継するものであることが記載されており、かかる文面からすると、右挨拶状は通常の債権者の理解からは債務引受の趣旨を含むと解するのが合理的であるとし、右挨拶状が広く取引関係者に配布されたことを併せ考えると、Y会社は商法二八条にいう債務引受の広告をしたものというべきであるなどと判断し、Y会社に対する本訴請求を認容した。本件判決は、次のように述べている。

「右認定事実に基づき考察するのに、まず、Y会社の設立はA会社からの営業譲渡を伴うものであることが明らかであるところ、本件のごとく新会社が別商号を用いる場合であっても、譲渡人の営業により生じた債務を引き受ける旨を広告したときは、債権者はその譲受人に対しても弁済の請求をすることができる（商法二八条）。

すると、Y会社は設立とともに本件挨拶状をXほかの取引関係者に送付しているところ、右挨拶状の文面には債務を引き受ける旨の文言こそないものの、Y会社はA会社の設備配管部門を独立させたものであること及び人的・物的設備を承継し、同会社の事業を承継するものであることが記載されており、かかる文面に照らすと、右挨拶状は通常の債権者の理解からは債務引受の趣旨を含むものと解するのが合理的というべきである（最一小判昭二九・一〇・七民集八巻一〇号一七九五頁参照）。そして、右挨拶状が広く取引関係者に配布されたことを併せ考えると、Y会社は正に前記法条にいう債務引受の広告をしたものというべきである。

右のとおりであるから、Y会社は商法二八条に基づき又はその類推により、本件借受金債

三　一審裁判所の判断はどうか

務の支払義務を負うものというべきである。」

四　高裁の判断はどうか

二審では、逆転判決が言い渡された。要するに、次のようである。旧会社の営業を引き継いだ新会社Yの「旧会社の設備配管部門を独立させて新会社を設立した。新会社の社屋・設備・スタッフは旧会社から引き継いで営業する」旨の挨拶状が商法二八条の挨拶状に当たるとしても、控訴人Yは倒産の危機に瀕した旧会社の救済方法として設立されたもので、旧会社の唯一の不動産である本社の土地建物や売掛金の譲渡を受けておらず、被控訴人XはY設立後もYと債務引受等を求めて交渉してきたことや右挨拶状がXの一営業担当者宛になされたものに過ぎないこと等からすると、右挨拶状は単なる挨拶状の域を超え営業譲渡とともに債務引受を表示したものとまでは認められない。

五　問題の検討

このような倒産事例は、今後さらに増加することが予想され、倒産法改正と関わって、検討する必要がある。従来、商法二六条・二八条との関係で論じられてきたが[2]、これは、むしろ倒産法上の問題である[3]。破綻した企業の再建手段として営業譲渡が活用される場合には、譲渡会社の債権者保護と会社再建の両立が求められる。会社再建が実現すれば、譲渡会社の債権者保護にもつながり、両者は対立関係にあるとは限らないはずである。夜逃げ的営業譲渡の場合が、問題なのである。債務を弁済する意図がある限り、旧会社の債権者は、営業譲渡による会社再建に協力することに利益がある。このような観点から、一審判決に対する問題点の指摘を中心に検討しておこう。

1　第二会社設立の目的

企業の倒産事例については、全くの別会社へ営業を譲渡する場合と、譲渡会社が自ら第二会社を設立して、そこへ営業を移して事業継続をする方法とがありうる。とくに、後者の場合に、新旧両会社が実質的に同じであるとの理由をもって、旧会社の債権者が新会社に弁済を求めることがありうるが、それでは、新会社を設立した意味がない。一審判決は、商法二八条の債務引受広告を認定することで、新会社の責任を認める結論を導いたが、一審において、当事者は、そのような商法二八条に基づく主張はしていない。一審判決が二八条の適用を認めたことは、弁論主義に違反する疑いが否定されないが、それはさておき、このような任意整理にあっては、第二会社で事業を継続することによって、時間をかけてでも、旧会社の債務を弁済する場合が多いとされる。そうであれば、これは夜逃げではない。

2　営業譲受の挨拶状の意味

営業譲受の趣旨の挨拶状は、債務引受を意味するか。もし、そうだとすれば、営業譲受人は、一切挨拶状を出すことができない。商号の続用がなければ、第三者に対して、原則として、債務を負わないのであるから、その例外は債務引受の意思が明らかな場合に限定されるべきである。債務引受の文言がなくとも、社会通念に照らして、誰が見ても債務の引受が読みとれる表現でなければならない。具体的な表現については、個別に判断するほかないであろう。

3　債権者が協力する理由

倒産会社の解体処分は、会社債権者にとっても不利であるが故に、債権者は営業譲渡を認めるわけである。そして、これは労働者たる従業員の保護にもつながる。多数の債権者が任意整理に協力する中にあって、抜け駆けは許されない。個別の債権者がなす請求の当否の判断に当たっては、債権者と倒産会社の合意内容について、詳細な事実確認が重要である。

4　夜逃げ的な営業譲渡の防止

債権者を害する目的をもった営業譲渡は、いうまでもなく認められない。それをどのように見抜くか。営業譲渡の時点では、その意図を読みとることは困難であると推測される。一審判決の背景には、倒産会社が第二会社を利用して延命を図ることに対する偏見があったといえる。筆者にも、そのような考え方がなかったとはいえない。いずれにせよ、営業譲渡後、一定期間における債務者の全行動をみて判断するほかないであろう。

そして、旧会社の債権者を害し、債権者の追及を免れる目的で第二会社が設立されたと認められる場合には、債権者は、詐害行為取消権（民四二四条）の行使をするとか、あるいは法人格否認の法理によるなどして、債務者の責任を問うことになる。そのような場合であれば、商法二六条・二八条の適用が緩やかに認定されても問題はない。詐害行為取消権や法人格否認の法理が認められがたい場合に、夜逃げ的な営業譲渡の事例に限定して、これらの条項を活用することが考えられる。

5　倒産法の改正

倒産会社の営業譲渡を認めるとして、その時点および手続をどうするかが問題となる。債権者に対する情報提供や不当な営業譲渡の差止について、総合的な手当が必要となる。たとえば、調整手続開始決定があった場合、営業譲渡をするには、債務者は裁判所の許可を得なければならないとか、裁判所は、その許可をするには、債権者や労働組合の意見を聞かなければならないとか、さらには、裁判所の許可があれば、商法二四五条の総会決議を経ないで営業譲渡ができる場合がある（民再法四二条・四三条）など、法的手続の整備に向けて、近年検討が進められた(4)。

(1)　一審判決に関するコメントとしては、塩田親文・私法判例リマークス一九九九〈上〉九二頁および野口恵三・NBL六四七号七二頁（一九九八年）がある。

(2)　商法二六条に関する最近のものとして、仮屋広郷「営業譲受人の責任」現代裁判法大系16商法総則・商行為八〇頁（新日本法規、一九九九年）、同じくドイツの判例・学説状況につき、遠藤喜佳「商号の続用と責任」比較法雑誌三二巻二号七一頁（日本比較法研究所、一九九八年）などがある。

商法二六条・二八条の根拠を一貫して営業譲受人の意思で説明する私見に対し、仮屋論文は、二六条につき譲受人は債務引受の意思があるから商号を続用するのではなく、営業譲渡による従前の取引の切断を最小限にくい止めつつ営業を継続したいから商号を続用すると考えた方が現実的とした上で、債務引受広告のあった二八条については、譲受人の意思にその根拠を求める。

（3）　営業譲渡に関する最近の倒産法改正については、たとえば松嶋英機「倒産法改正と営業譲渡」銀行法務21　五六二号一頁（一九九九年）、山本弘「新再建型手続の目的・機関・開始」ＮＢＬ六六四号一四頁（一九九九年）、山本和彦「新再建型手続における担保権の処遇と国際倒産」ＮＢＬ六六五号三六頁、討議「倒産法改正の方向（中）」ＮＢＬ六六七号三四頁、山岸洋「倒産法改正の論点と課題――債務調整手続の全体像」金法一五五〇号六頁（一九九九年）以下など参照。

（4）　倒産法改正の経緯については、たとえば小林秀之「倒産法改正の焦点（上）（中）（下）」法学セミナー五三七号（一九九九年）五八頁以下、同五三八、五三九号参照。新しい倒産法全体の概要については、山本晃夫＝上野幹夫・新版倒産法入門［第四版］（東京布井出版、一九九九年）、二〇〇〇年刊行の民事再生法の解説書としては、伊藤眞ほか編著・注釈民事再生法（金融財政事情研究会）、深山卓也ほか著・一問一答民事再生法（商事法務研究会）、松嶋英機編著・民事再生法入門（商事法務研究会）、東京弁護士会編・入門民事再生法（ぎょうせい）、杉山典彦＝和田一雄ほか著・民事再生法の全条文と解説（日本法令）などがある。

第12章　営業譲渡と従業員の地位

一　労働法学と商法学の調和

営業が譲渡された場合、従来の労働関係はどうなるか。この問題については、周知のとおり、特に法規制があるわけではない。雇用契約の移転に関する民法六二五条が、使用者の権利の譲渡に際して、労務者の承諾を要すると規定するだけである。しかも、営業譲渡の概念についても、商法学上、広く解する見解と厳格な立場との対立がある。

商法上の企業は、資本と労力とが有機的に結合されたものと理解されている。企業の構成要素は、物的要素たる資本と人的要素としての「経営首脳および経営補助者」とから成り立ち、それぞれが商法の規制対象とされる。一般の労働者は、当然には、ここでいうところの企業の人的要素であるとは把握されない。それは、一般の労働者の行為が、原則として、企業の権利義務関係に影響を及ぼすことがないからである。労働者を企業の人的要素とするには、その者の行為が企業の権利義務関係に影響を及ぼすことが前提条件となる。

商法学では、伝統的に、以上のように理解されてきており、ここに、労働者保護を目的とする労働法学との衝突の芽がある。この問題を解消するためには、実定商法の伝統的枠組の中で可能であるかどうかはともかく、新しい商法学を展望する立場から、労働者一般を企業法たる商法の枠組みの中に置く方向で、検討する必要がある。すでにこれまで、商法と労働法の交錯する領域に関して、企業と労働者の法律関係はいろいろな局面において問題とされてきた。「営業譲渡と労働関係」の議論は、包括承継を前提とする会社の合併以上に問題となる。本章では、近代的市民法原理を出発点に、労働法原理を踏まえた商法学の可能性を追究してみたい。

二　商法における従業員の地位—労働法との対比

1

商業使用人に関する商法の規定は、基本的に、使用人であると同時に代理人でもある場合を規制している(商三七条以下)。商法は、取引安全の要請から、商業代理人に関して規制し、営業主との間の雇用関係については、本来的に規制の対象とはしない。したがって、代理権を有しない労働者は、当初から伝統的な商法の規制対象とはなりえないとされてきた[(1)]。問題は、このように解することの当否である。従来の商法学説のように、商業使用人のみが企業における営業の人的組織であり、これのみ営業譲渡に伴って特別に移転する、と解する根拠は必ずしも明らかではない[(2)]。商業使用人でなくとも、営業の人的組織であると考えることは可能である。これが、考察の出発点である。

2　労働法の対象となる従業員(労働者)との関係はどうなるか。これを商法と対比すれば、商法の対象たる従業員(商業使用人)は、財産法的な抽象的人格概念で、そこでは「企業主体の利益」が問題とされるのに対して、労働法の対象としての従業員(労働者)は、労働者の経済的地位の従属性に目を向けた具体的人格概念であり、そこでは「労働者の生存の確保」が中心問題となる。そこで、このように異なる理念をいかに調和させることができるかが、ここでの中心的な課題となる。

3　営業譲渡と労働関係については、二つの側面が問題となる。ひとつは、営業譲渡の当事者間において、雇用関係の移転の有無を決定することができるかどうか。この問題について、労働法学では労働者の失業防止の観点から、労働関係も当然に移転するという方向で解決されてきた。ただ、当然に移転するという意味が、「労働関係の移転を伴わない営業譲渡は存在しない」ということまで含むものではないようである。他のひとつは、営業譲渡の当事者間で雇用関係を移転する場合に、移転の対象となった従業員（商業使用人・労働者）の同意を要するか否かという問題である。この問題は、民法六二五条一項の解釈論にかかわり、見解の対立がある。労働者の同意を要件とする民法の規定と異なる取扱をするのであれば、十分な根拠が示されなければならない。民法の規定は、このような場面においても原則として適用されるべきものであり、いずれにせよ、労働者の意思を尊重する立場から考察したい。

（1）　奥島孝康「企業と従業員」現代企業法講座2二二五頁（東京大学出版会、一九八五年）参照。ただし、奥島教授は、従業員を企業法の外へ全面的に追放することの妥当性については、将来的に検討を要すると指摘される。

（2）　藤井昭治「営業譲渡と労働契約関係の承継」法律時報三七巻一三号一〇四頁（一九六五年）参照。私も企業合同と労働関係については、少なからず関心をもっている（山下眞弘・会社営業譲渡の法理二七三頁以下（信山社、一九九七年））。

三　商法学における営業譲渡の意義―譲渡の対象と範囲

1　営業の譲渡とは、組織としての営業をひとつの契約で移転することをいい、単なる個々的な営業財産の譲渡とは異なる。譲渡の対象が、たとえ重要工場の重要な機械であっても、基本的には営業譲渡とは認められない。最高裁判例によれば、[3]①一定の営業目的のために組織化され、「有機的一体として機能する財産」の全部または一部を譲渡し、これによって、②譲渡人が営んでいた「営業的活動」を譲受人に受け継がせ、③譲渡人が商法二五条に定める「競業避止義務」を負う結果を伴うものをいうとされている。そして、譲渡財産には得意先関係等の経済的価値のある「事実関係」を含むものとされる（最判昭四〇・九・二二民集一九巻六号一六〇〇頁）。営業譲渡の法的性質についても議論があるが、営業的活動ないし企業者としての地位の承継を重視する立場に対し、組織としての生きた営業財産の移転を重視し、その移転の結果として営業活動が承継されるものと把握する立場があり、後者の見解が、多くの支持を集めている。

商法二四五条に定める株主総会の特別決議を要する営業譲渡の意義については、上記の最高裁判例より広く解する考え方が今日では有力となっており、(4)これによれば、必ずしも上記の「②営業活動の承継および③競業避止義務の負担」の二つの要件を具備する必要はないとされる。これは結果的に労働者保護にも通じ、労働法学でもこの概念を出発点にして、広く営業が移転するその他の場合まで拡張して問題とし、将来的には、労働法学においては、商法の営業譲渡の概念に拘束されない方向を目指すべきである。

なお、商法二四五条一項一号では、営業の全部譲渡以外に重要な一部譲渡も総会決議事項とするが、重要な一部の判断基準は、数値で一律に示すことはできず、質と量の両面からの解釈に委ねられている。いずれにせよ、営業譲渡と労働関係の考察に関しては、営業の単なる一部譲渡の場合であっても、労働者保護の問題は生じる。

2　右に述べた「狭義の営業譲渡」の他に、営業が移転する場合として、営業全部の賃貸・経営委任など（商二四五条一項二号）があるが、そこでの営業概念も営業譲渡の場合と同義とされる。(5)「営業の賃貸」とは、営業を一括して他人に賃貸する契約のことで、貸主たる賃貸会社は、賃借人に対し営業につき使用・収益させる義務がある。それゆえ賃借人は、「自己の名をもって、自己の計算において」営業の使用・収益を行う。その結果、賃貸借期間中、その営業全部は、賃貸会社の支配から離れ、その管理経営権は賃借人に帰属するという効果が生じる。したがって、労働関係に変動を生じることが予想される。

後者の「営業全部の経営委任」は、経営を他人に委任する契約で、損益がいずれに帰属するかによって、二つの類型がある。委任者に帰属する場合は「経営管理契約」といわれ、損益が受任者に帰属する場合が「狭義の経営委任」とされる。ここで問題となるのは、狭義の経営委任である。これは、実質的には「営業の賃貸借」に近いもので、受任者は、「自己の計算で、自己の裁量で」経営をなす。ただし、受任者は、「自己の名ではなく、委任会社の名をもって」行う点で、営業の賃貸借と異なる。要するに、受任者は、委任会社の名によって、委任会社の営業全部の経営一切を自己のために行う。したがって、労働関係に影響を生じることがありうる。

その他、営業が移転する場合としては、会社の合併という形態もあるが、営業譲渡との相違点は大きい。すなわち、①営業譲渡の場合は、譲渡の対象である各個の権利義務は各別の移転手続を要するが、会社の合併の場合は包括承継である（商四一六条一項・一〇三条）。また、②合併の場合には、出資者である社員も合併会社に収容され、消滅する解散会社の清算手続も不要であるが、営業譲渡の場合には、譲渡会社は当然には解散せず、目的や場所を変更して存続しうる。そして、③営業譲渡は取引法上の問題であるのに対し、合併は社団としての会社の合同である点で組織法上の問題である。

3　営業譲渡の場合に、移転されるべき財産の範囲が、特に問題となる。具体的には営業譲渡契約で定められるが、営業を譲渡するからといって、営業に属する一切の財産を移転する必要はなく、「一部の財産を特約で除外」することはできる。そのような特約がなければ、すべての財産が移転の対象となるものと解される。この点で、労働関係の帰趨が問題となるが、実際には、労働者の処遇を定めない営業譲渡は存在しないものと推測される。なお、留意すべき点として、財産の所有権が移転されなくても、その賃借によって営業活動が可能な場合にも営業譲渡が成立する。(6)また、営業の実質的な譲渡当事者AとCの間に、営業として譲り受けなかった第三者Bが介在したとしても、AもしくはCと介在者Bとの間に事実上の一体性が認められるなどの事情があれば、A・C間において営業譲渡が認定される余地がある。(7)

(3)　本件解説として、山部俊文・会社判例百選［第六版］五二頁（一九九八年）参照。

(4)　竹内昭夫「判例解説」会社判例百選［第五版］五八頁（一九九二年）ほか多数。私も基本的に、一貫してこのような立場をとってきた。山下・前掲（注2）会社営業譲渡の法理二一一頁参照。

(5) 落合誠一・新版注釈会社法(5)二七三頁（有斐閣、一九八六年）参照。

(6) ゴルフ場の営業譲受人が、その経営に不可欠の土地などの所有権譲渡を受けていなかった場合でも、営業譲渡が認められた事案がある（大阪地判平六・三・三一判例時報一五一七号一〇九頁）。本件解説として、山下眞弘・商事法務一四九七号三八頁参照。

(7) 前掲（注6）の大阪地判は、この点でも営業譲渡を認定した。これに対して、日本大学医学部事件で、東京地裁平成九年二月一九日（判例時報一五九六号一一五頁、判例タイムズ九五〇号一八一頁、労働判例七一二号六頁）は、営業譲渡性を否定している。本件については、小宮文人・平成九年度重要判例解説二〇八頁（一九九七年）ほか参照。なお、中西義徳弁護士によれば、本件控訴審も同一の判断をしており、最高裁（平一一・六・二四判決）でも上告が棄却されたとのことである。

営業譲渡の実務解説として、東洋信託銀行証券代行部編・河本一郎ほか・会社の営業譲渡・譲受の実務・別冊商事法務四三号（商事法務研究会、一九七九年）、商事法務研究会編・神崎克郎ほか・新訂第二版営業譲渡・譲受ハンドブック（一九九九年）、菊地伸・合併・営業譲渡［第二版］（中央経済社、二〇〇〇年）などが参考となる。

四　営業譲渡と労働関係に関する商法学説
――労働法学説との対比――

1　原則として当然承継とする説

大隅=今井説は、営業譲渡に伴い労働関係は原則として譲受人に当然承継されるが、「営業の同一性」を害しない範囲で、例外的に一定の労働関係を移転しないものと定めうるとする。その基本的な考え方は、営業譲渡も合併も実質的に営業主体の変更にすぎず、いずれについても労働関係は原則として営業と一体をなすものとして承継されるという点にある。ただし、営業譲渡と合併が共に実質的に営業主体の変更にすぎない点で共通するとはいえ、営業譲渡の場合は合併のごとく絶対的な包括承継とすることはできない。したがって、この見解も労働関係承継の除外を条件つきで認める(8)。

西原説も、労働者の同意不要で当然承継が原則であるとされる。その理由とするところは、第一に、営業譲渡は「企業の同一性」の持続（企業の人的・物的組織の一体性の承継）であり、第二に、労働契約の存続は、従来と同質の労働力の補充が一朝一夕に行われがたい常態の下では、営業譲渡の基本的一内容である「経営への導入」のために不可欠であり、さらに第三に、労働関係の承継である以上は一体として行われなければならない、というものである。そして、商業使用人から一般の労務者まで区別することなく一括して扱い、「営業と労働関係の結合関係を不可欠のもの」とするが、労働関係排除の可能性を明確に否定するものでもない。(9)そして、以上の見解はともに、労働関係の承継にあたり労働者の同意は不要であるが、労働者には解約権が認められるとする。

2　原則として当然には承継しないとする説

石井説によれば、結論的には営業譲渡にあたり譲渡当事者間の合意によって労働者の引継ぎを具体的に協定することとし、引継にあたっては各労働者の同意を要するとする。その論理的根拠として、第一に、営業譲渡は営業を構成する全部の譲渡を要するものではない、第二に、労働関係は営業譲渡の本質的内容ではない、第三に、営業と労働者全体を不可分のものとすると営業譲渡が不可能となる、そして第四に、労働契約上の権利義務関係のみ一体として移転すると解すべき根拠がないことをあげる。(10)

3　相対的に解し承継の排除基準を示す説

岡本説は、労働関係の承継と労働者の同意の要否について独自の展開を示す。すなわち、原則として当然承継とした上で、民法六二五条一項の適用を認め、譲渡会社での労働契約に反する場合は労働関係の承継を除外することはできないが、そのような契約がなければ、合理的な理由のあることを条件に代替性のある労働者の除外はできるが、代替性のない労働者は当然に移転する、とされる。(11) この見解は、「合理的理由および労働者の代替性の有無」という基準によって判断する。営業の同一性を問題とする立場と合わせて、このような考え方は、基本的には商法学における営業譲渡の法的性質に沿うものといえるが、これによれば、特に保護を要する代替性のある者が承継から排除される。

4　労働法学説との対比

労働法学においても、今日では、労働者の承継を排除できないという意味での当然承継の考え方はみられないようである。(12) 営業譲渡が不可能となる場合がありうるからである。そして、当然承継を原則とするという方向で労働法学と商法学が期せずして一致した場合であっても、その基本的な思想は同じではない。商法学では、あくまでも営業譲渡の概念から出発

して、当然承継を導いているのであって、労働者保護の理念がその中心的な基礎となってい
るわけではない、という点に留意すべきである。

(8) 大隅健一郎・商法総則〔新版〕三一三頁（有斐閣、一九七八年）、今井宏・新版注釈会社法⒀二〇一頁（有斐閣、一九九〇年）参照。
(9) 西原寛一「会社の解散と不当労働行為」労働法大系四巻八〇頁（有斐閣、一九六三年）参照。
(10) 石井照久・商法における基本問題一五七頁、一七五頁（勁草書房、一九六〇年）参照。
(11) 岡本善八「営業譲渡と労働関係の移転」同志社法学八一号九一頁（一九六三年）参照。
(12) 野田進「合併、営業譲渡等と解雇」季刊労働法一六五号二三頁（一九九二年）、和田肇「企業の組織変動と労働関係」ジュリ一一〇四号一一四頁（一九九七年）参照。

五　労働法原理による商法理論修正の試み

1　労働関係の移転をめぐって展開された原則論は、問題解決にはさほどの意味をもつとはいいがたい。当然承継の原則を主張してみても、営業譲渡に際してなされる整理解雇が有効要件を満たす限り、異論もあろうが、この原則は無力であるといわざるをえない(13)。営業の

譲受人に対して、常に労働関係の承継を強制することも困難であり、それは妥当でもない。したがって、相対的解釈をもとにして、具体的に現れた解雇の効力につき判断するとともに、営業譲渡当事者および労働者の意思解釈をも加味して、総合的に検討する方向が[14]、妥当な解決をえる道ではなかろうか。

2　株式会社を典型例とする企業は、個人の営利目的を越えて公共性を有する[15]。伝統的に商法学では、直接には労働者保護を考慮しないできたが、企業合理化が労働法原理に反する形で押し進められれば、現実問題として何らかの調整を要する。実際上も、労働者の理解なくしては合理化は実現が困難である。従来のように、伝統的な商法の手法で結論を出し、労働法原理との衝突の後で調整するという方法を改めて、これを一段で解決することを前向きに検討する必要がある。

3　商法に対する労働法的修正をどのように具体化するかが問題となる。これについては、労働法学から、労働者の同意が営業譲渡の成立に必要であるかのごとき立法論も主張されるが[16]、そこまで踏み込むのは現段階では無理があり、労働者に経営参加を認めることが真の労働者保護になるかについても疑問がある。その場合には、労働者も共同責任を負わされることとなる。ドイツ共同決定法のごとき立法[17]を有しないところでは、営業譲渡そのものについての同意というよりは、「営業譲渡による労働条件の変化に対する同意」という側面に向けられるべきものといえる。営業譲渡についての最終的な決定権は、たとえば株式会社の場合であれば、それは株主総会の専権事項に属するというほかない。

4　次のように考えてみてはどうであろうか。営業の全部譲渡と一部譲渡とを分けて、その「全部譲渡」の場合は、実質的に合併と同様に解して、労働者は一体として移転するものとし、移転に異議のある労働者の意思を尊重する。営業の全部譲渡の結果、譲渡会社は消滅するか、あるいは存続していても大幅な変更を余儀なくされるから、労働者は営業の移転先へ移る方が従来の労務内容を維持する上で有利となるのではなかろうか。

「営業の一部譲渡」については、従来と同様の業務内容を有する営業部門が残存している場合は、残っている営業部門への配置転換を可能な限り実施することで労働者保護を図る。一部譲渡の場合は移転先へ移ることが常に労働者の保護になるとは限らない。そして、いずれにせよ労働関係を移転するにあたっては、一体として移転するのを基本とすべきである。労働関係は、単なる債権関係と同一視できない特殊性を有するからである。「営業の賃貸および狭義の経営委任」についても、以上に準じて考察すれば足りるであろう。

最後に、労働関係が移転する場合に、労働者の同意を要するかという点につき、これは労働関係の移転に関する原則論とは別に考察すべきである。民法六二五条一項の例外は、特別の規定がある場合か、合理的理由のある場合などにおいて認められるべきものと考えられる。仮に同意を要件としても、同意の有無について緩やかに認定すれば別段の不都合もない。むしろ、営業譲渡に伴い移転した結果、労働者が不利な立場に追いやられることも考えられるので、移転に同意を要件とすることで、その保護が図られるということも期待できる。

(13) 萩澤清彦「合併・営業譲渡の場合における従業員の引継ぎ」商法の争点I・二〇九頁（一九九三年）参照。
(14) 柳沢旭「営業譲渡と労働契約」労働判例百選［第五版］四二頁（一九八九年）参照。
(15) 中村一彦・企業の社会的責任と会社法一五頁以下（信山社、一九九七年）参照。
(16) 清正寛「企業合併・営業譲渡と労働契約」労働法の争点［新版］二〇七頁（一九九〇年）参照。
(17) この詳細につき、たとえば正井章筰・共同決定法と会社法の交錯（成文堂、一九九〇年）参照。

六　おわりに

国際化の進んだ現在の企業環境および今日の経済状況を直視すれば、企業あるいは事業の統廃合（分割、合併等）が益々盛んとなる。とくに今後、企業再編の手段として、営業の譲渡が一層その重要性を増してくる。それに伴って、従業員の流動化も加速度的に進行し、すでに、特定の企業に帰属するという意識を変えなければならない時代が来ている。営業譲渡は企業倒産と深く関わる。(18) 経営の状態が悪化したとき、生き残りをかけた企業変動がみられるのが通常である。営業の譲渡側に整理解雇の有効要件が備わっていると同時に、譲受側においても、労働関係を承継しない合理的理由のある場合が予想される。そのような場合にあっては、たとえ譲受側で労働関係が承継されても、時を置かずに解雇が待ち構えている。これは、いずれの側で解雇されるのが、僅かにせよ労働者の保護となるか、というぎりぎりの問題でもある。企業が倒産でもすれば、全員解雇という最悪の結果を招く。解雇を全面否定するというわけにもいかない事情がここにある。

(18)　企業倒産と従業員の利益保護については、たとえば田村諄之輔・会社の基礎的変更の法理一〇一頁（有斐閣、一九九三年）が参考となる。また最近の倒産法改正については、NBL六六四号六頁以下（一九九九年）に一連の解説があり、企業再編の法律問題の特集として、商事法務一五三四号六頁以下（一九九九年）がある。

終章　会社分割法制の創設

一　新制度創設の意義

これまで企業は、規模の拡大を重視し、ひたすら事業部門を増加させるという多角経営の道を辿ってきた。今後の企業は、優良部門を分離独立させたり、不採算部門の整理による経営合理化を図る必要があり、そのため平成一二年に創設された会社分割制度（商三七三条から三七四条ノ三一、有六三条ノ二から六三条ノ九）に期待が集められる。この制度を有効に利用するためには、平成一一年商法改正による株式移転・株式交換で純粋持株会社を創設して、完全親子会社の関係を創り出し、その後に会社分割により再編を実現するのが効率的である(1)。既存の営業譲渡などによる企業分割では、このような目的に十分に対処することが困難であった。そこで、営業譲渡による企業再編に内在する問題の解消が急務とされ、今回の改正によって、その問題の大半が解決されたが、新たな課題も少なからず生じてきた。

会社分割は、取引法上の行為というより、法人格の複数化を実現する組織法上の行為であり、営業の全部または一部を他の会社に包括的に承継させる効果を発生させる。その意味では、これは合併の反対現象としての性質を有する制度ということもできる。このように、会社分割の制度は、従来から存在する合併や営業譲渡などと類似の機能を果たすことから、その間の整合性に問題が生じないかどうか検討を要する。その際に、改正商法とともに成立した労働契約承継法（平成一二年法律一〇三号）の検討も合わせ行うべきである。

この新制度はまだ創設されたばかりで、中間試案の解説をはじめ(2)、立法段階から改正法成立に至る詳細な解説のほかには(3)、制度の紹介と全体的な検討などがなされる段階にとどまっている(4)。本章では、この制度の特色を概括的に説明し、今後検討を深めるための諸課題を整理した上で、一定の方向性を示しておきたい(5)。

（1）たとえば、落合誠一「平成一一年商法改正」法学教室二三二号三五頁、同「平成一一年商法改正」法学教室二四一号五九頁以下参照。

(2) 原田晃治ほか「商法等の一部を改正する法律案要綱中間試案の解説」商事法務一五三三号四頁、原田晃治ほか「会社分割法制に関する各界意見の分析」商事法務一五四〇号四頁、金融法務事情一五六二号一四頁以下など参照。

(3) 前田庸「商法等の一部を改正する法律案要綱の解説〔上〕〔中〕〔下〕」商事法務一五五三号四頁、一五五四号四頁、一五五五号四頁以下、原田晃治「会社分割法制の創設について〔上〕〔中〕〔下〕」商事法務一五六三号四頁、一五六五号四頁、一五六六号四頁以下がある。また、改正法利用にあたっては、座談会「会社分割に関する改正商法への実務対応」商事法務一五六八号六頁以下参照。

(4) 理論的検討を加える解説書としては、丸山秀平ほか・企業再編と商法改正一二五頁以下(中央経済社、二〇〇〇年)、実務上の法的な問題点を総合的に整理し解説するものとしては、たとえば、武井一浩＝平林素子・会社分割の実務(商事法務研究会、二〇〇〇年)がある。また、法的論点の整理については、倉澤康一郎「会社分割法制の論点」企業会計五二巻七号五〇頁、森本滋「会社分割法制について」金融法務事情一五八〇号一五頁、前田雅弘「会社分割に係る商法等の一部改正について」ジュリスト一一八二号二頁、岸田雅雄「商法の改正と企業の再編成」税経セミナー四五巻八号四頁以下、その他実務上の問題点について、島本茂樹「会社分割法制と実務対応」ジュリスト一一八二号九頁、中西敏和「会社分割法制の実務的対応」企業会計五二巻七号五六頁、橋本正己「企業経営を変える会社分割法制」企業会計五二巻七号六六頁、澤口実「会社分割法制の概要」税経通信五五巻七号六六頁、岡正晶「新設分割の種類・手続と実務上の留意点」税経通信五五巻七号七四頁、角田大憲「吸収分割の手続と留意点」税経通信五五巻七号八三頁、岩本安昭＝阿多博文「会社分割の実務」商事法務一五三四号三五頁以下など多数のものがある。

(5) 詳しくは、山下眞弘「会社分割法制の創設と営業譲渡」立命館法学二七一・二七二号合併号下巻一六二九頁以下を参照されたい。

二　会社分割の特色と効用

1　会社分割の意義

会社分割とは、分割会社がその営業の全部または一部を、新たに設立する会社または既存の会社に包括承継させ、その設立会社または承継会社が、分割会社またはその株主に対して、自社の株式を割り当てる行為をいう。このように、会社分割の方法としては、「新設分割」と「吸収分割」がある。前者は、分割により設立した会社に、分割する会社の営業を承継させるもので（商三七三条）、後者は、既に存在する他の会社に、分割をする会社の営業を承継させるものである（商三七四条ノ一六）。いずれにおいても、新設会社あるいは承継会社が分割に際して発行する株式は、分割をする会社に割り当てられるか（物的分割・分社型）、または分割をする会社の株主に割り当てられる（人的分割・分割型）。

いずれにせよ、株式が割り当てられることが前提とされている。このことは、発行される株式の引き当てとなる資産が設立する会社または営業を承継する会社に継承されていなければならないことを意味している。すなわち、資本充実の見地から債務超過となっている営業部門を分割の対象とすることは許されない。消極財産を引き当てとする株式発行は認められないからである。なお、会社の分割は、株式会社および有限会社に限定され、新設分割にあっては、分割する会社が有限会社で設立する会社も有限会社である場合（有六三条ノ二第一項）と、分割する会社が株式会社で設立する会社が有限会社となる場合（有六三条ノ三第一項）が認められている。吸収分割の場合は、有限会社間のみならず、有限会社・株式会社間についても認められている（有六三条ノ七第一項）。この点で、新設分割と異なることに留意を要する。

二　会社分割の特色と効用

会社分割手続の概要は、①分割計画書（新設分割）または分割契約書（吸収分割）の作成（商三七四条一項、三七四条ノ一七第一項）、②分割計画書等の事前開示（三七四条ノ二、三七四条ノ一八）、③分割計画書等の総会特別決議による承認（三七四条一項・四項、三七四条ノ一七第一項・四項）、

④債権者保護手続（三七四条ノ四第一項、三七四条ノ二〇第一項）、⑤分割登記（三七四条ノ八・三七四条ノ九、三七四条ノ二四・三七四条ノ二五）、そして、⑥分割事項記載書面の事後開示（三七四条ノ一一、三七四条ノ三一第五項）という手順となる。

2　分割制度の特色

その特色としては、三つ挙げることができる。①分社化をも含めた会社分割を認めたことである。新設分割・吸収分割のいずれの場合についても、分割会社の社団としての人的組織に変動が生じないような分社型が認められた。

② 不完全分割のみ制度化したことも特色といえる。分割する会社が、分割の結果、清算手続を経ることなく解散するものを「完全分割」あるいは「消滅分割」というが、改正法ではこれをあえて規定せず、分割後も分割する会社が存続しつづける「不完全分割」だけを制度化している。(6)

その他、③ 分割が認められる会社の種類は株式会社と有限会社であること、④ 合併の場合と同様に（簡易合併）、株主総会の特別決議による承認を要しない簡易な分割が認められたことなどもその特色といえる。

3　会社分割制度の効用

これまでの問題点は、会社分割制度の導入によって、その大半が解消された。

①　営業を他の会社に包括承継させる手段を創設したことから、分割会社の債権者や契約相手方の同意を個別に得なくても、権利義務は設立会社・承継会社に移転することになる。これまで営業を移転するために営業譲渡を行う場合には、個別の債権者なり契約当事者の同意を得ることが必要であった。しかし、会社分割制度を活用すれば、分割計画書または分割契約書の記載に従って、営業を設立会社・承継会社に移転させることが可能となり、事業の再編成にとって機動的な手法が提供された。

②　人的分割が可能となったことが、大きな効用といえる。すなわち、今回創設された会社分割は、いわゆるヨーロッパ型の直接分割を範として、合併とは逆方向の組織法上の行為として、人的分割を行うことを可能とした。これにより、設立会社・承継会社の株式をただちに分割会社の株主に対して交付することが可能になった。

③　物的分割が容易になったことも、効用のひとつと評価することができる。すなわち、これまで新設会社に対して営業を移転するためには、現物出資という法形態がとられていた。

しかし、会社設立に当たり営業を現物出資するためには、検査役の調査を必要とし、会社設立が完了するまで営業を一時停止しなければならないという難点があった。また、現物出資に伴う検査役の調査に要する時間・費用、定款認証における営業内容の記載等についても実務上の障害となっていた。ところが、会社分割制度を活用すれば、このような営業の停止や検査役の調査の問題を克服することができる。

④　営業の移転に伴う過去の実績の引継ぎが可能となったことも、当事会社にとって有利である。これまでの営業譲渡の場合には、利益準備金や剰余金を譲受会社で引き継ぐことは許容されていなかった。今回の会社分割制度においては、分割会社の利益準備金・剰余金等を営業を継承する設立会社ないし承継会社が引き継いで計上することが可能となった。また、それぞれの根拠法次第であるが、移転される営業にかかる免許・許認可等の継承も一部簡素化されることが期待できる。

4　会社分割の実際

株式会社間で会社の分割がなされる場合について、具体的な事例を示しておこう。

①　まず、甲部門と乙部門からなるA株式会社が、乙部門を「新設分割」・「物的分割」し

ようとする場合を考えてみると、次の通りである。乙部門はA会社から分離され、新たに設立されるB株式会社に移転する。B会社の設立に際して発行される株式は、A会社自身に割り当てられる。その結果、A会社は甲部門、B会社が乙部門によって営業を行うことになるとともに、A会社はB会社の完全親会社となる。従来のA会社の株主は、A会社の株主としての地位を継承するだけで、B会社とは直接の関係に立たないことになる。

② 次に、同じく上記の事例について、「人的分割」した場合を想定する。この場合には、B会社の設立に際して発行される株式は、A会社の株主に割り当てられる。したがって、従来のA会社の株主は、A会社（甲部門のみ）の株主としての地位のほか、B会社（乙部門のみ）の株主としての地位をも有することになる。

③ さらに、別の事例を示してみる。甲部門と乙部門からなるA株式会社が、乙部門を既に存在するB株式会社に移転しようとする「吸収分割」の場合についてみる。この場合、B会社がA会社の乙部門の収容に際して発行する株式をA会社自身が引き受けるのが「物的分割」、A会社の株主が引き受けるのが「人的分割」である。

（6）宮島司「会社分割法制の概要と問題点」監査役四三三号一四頁によれば、分割する会社が存在する場合は、合併とはもはや異質の制度であるとされる。

三　会社分割をめぐる法的問題点

1　会社分割における営業の意義

会社分割における営業の意義は、分割を無効としないためにも、営業譲渡における広義の営業概念を出発点とすべきであり、(7)さらに広くとらえることを検討すべきであろう。それが会社分割の対象を議論した立法の経緯にも合致するといえる。すなわち、会社分割の対象は改正商法では「営業」となったが、中間試案の段階では「権利義務の一部」とされていた。これに対して議論がなされ、権利義務を対象とすると、現物出資手続の潜脱の危険があるとか、会社財産の切り売りによる会社解体も懸念され、結局のところ企業再編にふさわしい営業が対象とされた(8)。

営業の意義については、すでに商法上に営業の概念が存在するので、それが参考とされるべきは当然であろう。最高裁昭和四〇年九月二二日判決（民集一九巻六号一六〇〇頁）によれば、営業譲渡の要件として、①組織化され有機的一体として機能する財産の譲渡、②譲受人による営業活動の承継、そして、③譲渡人の競業避止義務の負担の三つが挙げられる。しかし、総会決議を要する商法二四五条一項一号の営業譲渡についても、このような三要件を全て具備すべきかは議論のあるところであり、①の要件で足りるとするのが現在の多数の考え方である。会社分割における営業も、組織化された有機的財産を緩やかに解釈するのが妥当である。なお、この検討を通して、営業譲渡の意義についても概念の拡大化の方向で見直しを図ることになるかも知れない。

2　分割する会社の競業避止義務

中間試案の段階では、分割の当事会社について競業禁止が規定されていたが、反対の意見が多く出され、改正商法中にそのような規定はみられない。問題は、分割計画書等に競業禁止の規定がおかれなかった場合にも、競業禁止の効果を認めるべきか否かである。この点で、競業禁止を定める商法二五条の趣旨を考慮し、分割する会社について同様の競業禁止に関する義務を負うべきものとする見解が示されている(9)。しかし、会社分割制度を広く利用させる意味でも、商法二五条の規定を会社分割に類推適用することには疑問がある。

3　包括承継の意義

会社分割が行われた場合、設立会社または承継会社は、分割計画書または分割契約書の記載に従い、分割会社の「権利義務を承継す」るものとされる（商三七四条ノ一〇第一項、三七四条ノ二六第一項）。これは包括承継であるので、各個の財産、各個の権利義務につき個別の移転行為（引渡し、債権譲渡、債務引受、債務者の交替に関する更改）をすることを要しない。会社分割が合併や相続と異なるのは、その包括承継される範囲が、分割計画書または分割契約書に基づいて、当事者の選択により決められる点にある。

いかなる債務が承継の対象となるのか、そして承継の対象となる債務について、分割会社と設立会社等が重畳的に責めを負うのか（重畳的債務引受）、それとも設立会社のみが責めを負い分割会社は免れるのか（免責的債務引受）などの事項について、すべて分割計画書等への記載が必要である。債務が分割計画書等の記載に基づいて包括承継されることの意味は、当該債務の債権者による同意を得ることなく、当該債務が分割計画書等の記載によって重畳的もしくは免責的に移転するということである。分割会社が有していた特定の債務が、分割計画書等において設立会社等によって免責的に債務引受けされる旨記載された場合には、その債権者は設立会社等に対してしかその履行を請求できないこととなる。このように、会社分割に包括承継性を認めたのは、これまで営業譲渡などにおいて問題となっていた個別の債権者の同意を得るという実務上の問題点に応えるためである。なお、対抗要件の問題は、以上とは別個に考えるべきである。

4　商法二六条および二八条類推の有無

会社分割について商法二六条および二八条の類推適用があるかどうかが問題となり、議論はあるがこれは積極に解されている。まず、商法二六条一項が、営業譲受人が譲渡人の商号を続用した場合の連帯責任を規定している。この規定を類推適用すると、設立会社ないし承継会社が分割会社の商号を続用した場合には、分割計画書等において、分割会社の特定の債務について引き受けない旨を記載しても、分割会社と連帯してその責めを負うものとされる可能性があることになる。これに対し、商号を続用していない場合でも、商法二八条は、営業譲受人が債務引受広告を行った場合には、同様に営業譲渡人の営業上の債務について弁済の責めを負うとしている。この商法二八条の規定も会社分割において類推適用されるとすると、債務引受広告を行った設立会社等は、分割計画書等の記載にかかわらず、分割会社の債務について弁済の責めを負う可能性があるわけである。

5　非按分型会社分割の許否

人的分割に際し発行する株式を、分割する会社の株主の一部のみに割り当てること（非按分型）ができるかが議論となる。株主平等の見地から、分割計画書等の承認には、総株主の同意を要するとの見解がある。[10]この見解は、改正法成立後も維持されている。[11]これに対して、明文がないのであるから、解釈論としては多数決議で足りるということもできる。この点について、改正法は明文の規定をおいていない。株主平等原則との関係で、株主全員の同意を要すると解することについては、現実的でないとの批判もあり、内容と理由の開示を厳格に課すことで、全員一致の要件を緩和する方向も検討されてよいであろう。その際、特別多数決議によるとしても、株主平等原則に違反しないための条件が明らかにされなければならず、[12]開示の徹底によって株主の保護が十分に図られる必要がある。[13]いずれにせよ、株主平等原則に関わる問題でもあり、今後慎重な検討を要する。

6　その他の問題点

物的分割と人的分割を同時に行うことができるか。これは「一部分割」といわれるもので、設立会社または承継会社が発行する株式の一部を分割する会社に移転し、残りを分割する会社の株主に移転することができるかという問題である。これを否定する規定も合理的理由も見あたらないことから、肯定されるであろう。次に、「消滅分割」および「間接分割」が立法化されなかったのはどうしてか。前者は、分割する会社が分割によって直ちに解散する方式で、後者は、分割により営業を承継した会社の株式を利益配当や資本減少による払戻しとして、分割した会社の株主に割り当てる方式である。消滅分割については、実際界からの要望がないことが理由とされ、間接分割を採用しない理由としては、実務上、実質的な減資に伴う子会社株式による払戻しが認められていること等が挙げられる。最後に、人的会社が会社分割制度から閉め出されているが、これにも合理的理由があるのかどうか疑問の余地がある。

(7) 営業譲渡の概念については、山下眞弘・会社営業譲渡の法理四三頁、一〇二頁、一四八頁(信山社、一九九七年)参照されたい。会社分割については、神作裕之「会社分割における『営業』の意義」法学教室二四三号二七頁に説かれるところも同じ趣旨である。

(8) 前田・前掲商事法務一五五三号八頁参照。

(9) 前田・前掲商事法務一五五五号一四頁、原田・前掲商事法務一五六三号一三頁参照。

(10) 前田・前掲商事法務一五五三号一一頁参照。

(11) 森本・前掲金融法務事情一五八〇号二三頁、原田・前掲商事法務一五六三号一〇頁、宮島・前掲一五頁参照。

(12) 条件を提示するものとして、遠藤美光＝堀裕「非按分型会社分割と株主平等原則に関する若干の考察」金融法務事情一五六三号四二頁参照。

(13) 早川勝「非按分型会社分割」法学教室二四三号三〇頁参照。

四　今後の課題

会社分割法制をめぐっては、当然のことながらひとり商法のみならず、租税法、倒産法、労働法など諸分野の法的問題が有機的連関性をもって深く関わってくる。税制が会社分割の行方を決定づけることを考えると、新設会社・承継会社への資産移転によって生じるキャピタル・ゲインへの課税繰延は、不可欠の要請となるであろう。[14]また、労働契約関係の処遇についても、これまでの合併・営業譲渡との関係で論じられてきた問題と関連させて、検討すべき問題点があり、[15]むしろ会社分割との関わりで、この点についても新たな視点を切り開くことが期待できるのではなかろうか。

最後に、従来から存在する営業譲渡と新しい会社分割制度との住み分けが、明らかにされる必要がある。新制度ができても、営業譲渡の諸規定はほとんど残されており、今後とも営業譲渡の利用が予定されている。営業譲渡では企業再編の目的が十分達成できないところを補うため、会社分割制度が創設されたが、会社分割は営業譲渡に比べて手続が厳格である。会社分割の包括承継性も営業譲渡に比較して、さほど有利ということでもなさそうである。

このようにみてくると、営業譲渡が利用される場面は、今後とも大いにあると予想される。両者の特質が明確にされなければならない理由がここにある。

(14) 武田昌輔「会社再編等と課税」日税研論集四五号三七頁、垂井英夫「会社分割会計と税務問題」税経通信五五巻七号九一頁以下参照。

(15) これについては労旬一四七八号でも特集としてとりあげられ、萬井・本久両教授の論考がある。また、日本労働研究雑誌四八四号でも特集が組まれ、柳屋・橋本両教授の論考を参照。さらに、商法学との共同研究として、日本労働法学会誌九四号七六頁以下があり、私にも報告する機会が与えられた。

〈初出一覧〉

序　章　営業譲渡・譲受（表題変更）……………………問答式企業提携の法律実務第1巻（新日本法規、一九九〇・六）

第1章　営業譲渡と総会決議……………家近正直編『現代裁判法大系（17）会社法』（新日本法規、一九九九・一）

第2章　会社の重要財産の譲渡と総会決議……………酒巻＝志村＝新山編『重要論点会社法』（酒井書店、一九九六・六）

第3章　会社営業の重要な一部譲渡―その具体的判断基準―……奥島孝康先生還暦記念第二巻『近代企業法の形成と展開』（成文堂、一九九九・一二）

第4章　取締役会決議を要する重要財産の処分（表題変更）……………………法学教室一六六号（有斐閣、一九九四・七）

第5章　競業禁止契約と総会決議（書き下ろし）

第6章　理髪業の譲渡と競業避止義務……………商法（総則・商行為）判例百選（第三版）（有斐閣、一九九四・七）

第7章　違法な営業譲渡契約と無効の主張……判例タイムズ九四八号・会社判例と実務・理論（判例タイムズ社、一九九七・一〇）

第8章　商号続用のある営業譲受人の責任

第9章　ゴルフクラブの名称続用と営業譲受人の責任（表題変更）……立命館法学一九九七年六号（二五六号）（立命館大学法学会、一九九八・三）

第10章　現物出資と営業譲受人の責任（表題変更）……商事法務一四九七号（商事法務研究会、一九九八・七）

第11章　企業倒産と営業譲受人の責任（書き下ろし）……法学教室一七八号（有斐閣、一九九五・七）

第12章　営業譲渡と従業員の地位（表題変更）……日本労働法学会誌九四号（総合労働研究所、一九九九・一〇）

終　章　会社分割法制の創設（表題変更）……労働法律旬報一四九四号（旬報社、二〇〇〇・一二）

〝法学の泉〟シリーズ・刊行にあたって

〝泉〟いま、人の心の中に、とくに若い人の心の中にある根本的な不安の一つは、地球の汚れと涸渇から人類の生存が危殆に瀕するというイメージだと思います。全世界五〇億人の生存状態はすぐに日本に住むわたしたちとわたしたちの子孫に少なからぬ影響を及ぼすほどに地球は狭くなっています。

地球を汚さぬ知恵、戦争を起こさない知恵、食糧を確保する知恵、社会システムを混乱させない知恵……。いずれもわたしたちの世代と子孫がこれからの人類全体とわたしたちの社会の生存を確実なものにするために日々の努力が期待されている課題です。

人類の活動の伏流水としての知恵の流れ。いま、わたしたちには、歴史の大きな転換点にいて、人類の知恵の湧き出し口たる知恵の〝泉〟、学問の〝泉〟に依って新たな世紀の構想を語り続ける覚悟が必要だと思います。

この〝泉〟シリーズでは、法学の永い歴史の底を流れる知恵の湧き出し口として、読み手に清潔な知恵の息吹を、そして書き手のメッセージを明澄に伝えて行く手だてとして、読み手と書き手の新鮮なコミュニケーションのオアシスたらんことを願っています。

よろしくご支援下さい。

一九九四年　秋

信山社

〈著者紹介〉

山 下 眞 弘（やました・まさひろ）

1947 年　大阪生まれ

1971 年　関西大学法学部卒業

1976 年　関西大学大学院法学研究科博士課程単位取得

1987 年　島根大学法文学部教授を経て

現　在　立命館大学法学部教授

　　　　博士（法学）関西大学

〈主要著作〉

会社営業譲渡の法理（信山社・1997年）

国際手形条約の法理論（信山社・1997年）

やさしい商法総則・商行為法（法学書院・2000年）

国境を越える消費者法（共著，日本評論社・2000年）

営業譲渡・譲受の理論と実際（新版）

＜信山社　法学の泉＞

2001年（平成13年）4 月20日　新版第 1 刷発行　3057-0101

著　者　山　下　眞　弘

発行者　今　井　貴

発行所　信山社出版株式会社

〒113-0033 東京都文京区本郷6-2-9-102

電　話　03（3818）1019

F A X　03（3818）0344

Printed in Japan.

印刷・製本／松澤印刷

ISBN4-7972-3057-6　C3332

3057-0101-012-100-050

N D C 分類325・201

事項索引

あ　行

か　行

さ　行

た　行

な　行

は　行

索　引

判例索引

［大審院］

大判明32・10・20刑録５輯９巻52頁…………125
大判明33・11・７民録６輯10号42頁…………10
大判大８・４・26民録25輯632頁…………125
大判大８・９・25民録25輯1715頁…………125
大判昭10・12・５法学５巻４号132頁…………125
大判昭12・11・26民集16巻1681頁…………121
大判大14・９・18刑集４巻９号533頁…………125

［最高裁判所］

最判昭28・12・３民集７巻12号1299頁…………137
最判（１小）昭29・10・７民集８巻10号1795頁…………26,182,194,201,205
最判昭36・10・13民集15巻９号2320頁…………26,194,201
最判昭38・３・１民集17巻２号280頁…………25,166
最判昭40・９・10民集19巻６号1512頁、判タ183号99頁…………56,144
最判（大）昭和40・９・22民集19巻６号1600頁…………1,41,60,113,217,240
最判（三小）昭40・９・22民集19巻６号1656頁…………100
最判昭41・３・18金判1号17頁…………193
最判昭42・９・26民集21巻７号1870頁…………137
最判昭47・３・２民集26巻２号183頁…………43,156,182,190
最判昭48・12・11民集27巻11号1529頁、判タ304号158頁…144
最判昭61・９・11判時1215号125頁、判タ624号127頁…22,43,47,67,73,91,133,192
最判平６・１・20民集48巻１号１頁，判時1489号155頁…………42,94

［高等裁判所］

東京高判昭34・２・28下民10巻２号430頁…………194
東京高判昭35・７・４判タ108号48頁…………194
東京高決昭47・３・15下民集23巻１＝４号118頁…………44

東京高判昭53・5・24判タ368号248頁……………43, 67, 192
東京高判昭60・5・30判時1156号146頁……………167, 185
東京高判平元・11・29東京高裁判決時報民事40巻124頁……………167, 185
高松高判平5・8・3判タ854号270頁……………187
東京高判平10・11・26金法1545号46頁……………202

［地方裁判所］

東京地判昭31・10・24下民7巻10号2985頁……………194
東京地判昭33・6・10下民集9巻6号1038頁……………43, 67, 192
東京地判昭34・4・27下民10巻4号836頁……………194
東京地判昭34・8・5下民集10巻8号1634頁……………163
大阪地判昭40・1・25下民集16巻1号84頁……………163
東京地判昭45・6・30判時610号84頁……………163
福岡地判昭47・3・21判時675号77頁……………193
東京地判昭49・12・9判時778号96頁……………150, 182
名古屋地判昭51・11・19判時852号108頁……………194
名古屋地判昭54・2・9判タ392号162頁……………118
東京地判昭54・7・19判時946号110頁……………150, 167, 185
名古屋地判昭60・7・19判時1179号96頁……………194
東京地判昭62・7・31判時1264号123頁、判タ664号202頁……………63, 103
大阪地判平6・3・31判時1517号109頁……………149, 168, 173, 221
旭川地判平7・8・31判時1569号115頁……………181
東京地判平9・7・30判時1638号150頁、金融・商事判例1039号43頁……………201

条文索引

か　行

さ　行

た　行

は　行

ま　行

や　行

ら　行